W0045813

Zu diesem Buch

Seit einigen Jahren bittet der Norddeutsche Rundfunk seine Hörer zu Beginn der Adventszeit um selbsterlebte oder erdachte Weihnachtsgeschichten. Die Resonanz ist alljährlich groß, die Redakteure der Sendung «Geschichten am Kamin» sichten Berge von Einsendungen, bis schließlich eine Auswahl von bekannten Schauspielern im Programm der Vorweihnachtstage vorgelesen wird.

Ferner erschienen: «Weihnachtsgeschichten am Kamin» (rororo 5985), «Weihnachtsgeschichten am Kamin 3» (rororo 12393), «Weihnachtsgeschichten am Kamin 4» (rororo 12717), «Weihnachtsgeschichten am Kamin 5» (rororo 12861), «Weihnachtsgeschichten am Kamin 6» (rororo 13021), «Weihnachtsgeschichten am Kamin 7» (rororo 13262), «Weihnachtsgeschichten am Kamin 8» (rororo 13427), «Weihnachtsgeschichten am Kamin 9» (rororo 13541) sowie von Uwe Wandrey «Stille Nacht allerseits!» (rororo 1561) und «Heilig Abend zusammen!» (rororo 5047).

WEIHNACHTS
GESCHICHTEN
AM KAMIN 2

Gesammelt
von Ursula Richter
und
Wolf-Dieter Stubel

ROWOHLT

Originalausgabe
Redaktion der Buchausgabe Meike Wolff
Umschlaggestaltung Werner Rebhuhn
(Foto: Klaus Werth / ZEFA)

104. – 115. Tausend November 1994

Veröffentlicht im Rowohlt Taschenbuch Verlag GmbH,
Reinbek bei Hamburg, November 1987
Copyright © 1987 by Rowohlt Taschenbuch Verlag GmbH,
Reinbek bei Hamburg
Alle Rechte vorbehalten
Gesetzt aus der Bembo (Linotron 202)
Gesamtherstellung Clausen & Bosse, Leck
Printed in Germany
790-ISBN 3 499 12167 0

Vorwort

Dieses Buch soll Anregung und Dank zugleich sein. Anregung für Sie, liebe Leserin, lieber Leser, sich vielleicht doch mal wieder im trauten Kreis Geschichten und Erlebnisse zu erzählen. In einer Zeit, in der das Fernsehen so manche liebgewordene Tradition zerstört, möchten wir Sie inspirieren, sich wieder in gemütlicher Runde zusammenzufinden und Erinnerungen auszutauschen.

Wir haben beim Norddeutschen Rundfunk vor vier Jahren den Versuch gestartet, in der Vorweihnachtszeit Geschichten unserer Hörer zu veröffentlichen. Die Reaktion war überwältigend, die Flut der Zuschriften riß nicht ab, deshalb sagen wir mit diesem Buch auch Dank allen Beteiligten. Die Sendungen sind inzwischen fester Bestandteil des vorweihnachtlichen Programms geworden, und die ersten neuen Beiträge erreichen uns bereits ab Januar.

Interessant finden wir die Tatsache, daß uns fast ausnahmslos Erlebtes zugesandt wurde. Auch prägen sich weihnachtliche Erlebnisse wohl besonders in Krisenzeiten ein, weshalb sich viele der Kamingeschichten mit der sogenannten schlechten Zeit befassen.

Wir hoffen, daß Ihnen dieses Buch so viele Anregungen gibt, daß Sie sich vielleicht selbst einmal hinsetzen und Ihre Erlebnisse aufschreiben, für sich, die Familie… oder für unser nächstes Buch.

Herzlichst Ihre
Ursula Richter und Wolf-Dieter Stubel

Liselotte Neve

Überraschung beim Krippenspiel

Letztes Jahr beschlossen unsere Kinder, mit ihren Freunden aus der Nachbarschaft ein Krippenspiel aufzuführen.

«Ich bin natürlich der Joseph!» verkündete unser Klaus, «das ist *die* Rolle für mich. Opa muß mir seinen uralten Mantel leihen. Den ziehe ich verkehrtrum an. Dann klebe ich mir natürlich einen dicken grauen Bart ins Gesicht.»

«Und ich will die Maria sein. Ich will genauso aussehen wie die schöne Madonna auf dem Bild im Kinderzimmer. Du nähst mir doch ein blaues Kleid mit ganz weiten Ärmeln, nicht, Mutti?» rief Melanie dazwischen.

«Und ich? Was soll ich sein? Nicht so ein langweiliger Hirt, der nix zu sagen hat!» beklagte sich unser Jüngster.

«Du wirst einer der Heiligen Drei Könige. Dich malen wir schwarz an, genau wie die anderen Statisten. Da sieht keiner, ob das ein Junge oder ein Mädel ist», tröstete ihn der große Bruder.

Mir dämmerte, was da auf mich zukam. Aber im Grunde freue ich mich immer, wenn die Kinder aufgeschlossen und aktiv sind. Ich gab die Veranda frei als «Bühne», und dann begannen die Vorbereitungen. Von allen Ausflügen brachten wir Tannengrün und Buschwerk mit, und überall in der Nachbarschaft schnupperten die Kinder herum, was sie zur Ausstattung brauchen könnten. In einer Ecke wurde Bethlehems Stall aufgebaut. Aus einer kleinen Kiste bastelten die Kinder eine hübsche Krippe und füllten sie mit Heu und Stroh. Ein prächtiger Stern hing über dem Stall. Auf dem Grün der Tannen glitzerten Rauschgoldengel und Lametta.

Wir waren sehr stolz auf unser Bühnenbild. Lange Äste wandelten sich zu Wanderstäben. Irgendwo fanden sich zwei Stoff-Schäfchen, die die Hirten behutsam auf dem Arm trugen. Dann aber mußten wir ans Einüben der Texte gehen. Aus dem Lukas-Evangelium sollte die Weihnachtsgeschichte aufgesagt werden. Die Kinder lernten in verteilten Rollen ihre Texte. Alles schien glänzend zu klappen, die Hauptprobe aber war ein totaler Reinfall! Die Kinder bewegten sich stocksteif. Der eine stolperte in der langen Kleidung über die eigenen Füße. Der andere kam ins Stottern, der dritte hatte den Text vollkommen vergessen. Ganz schlimm aber wurde es, als sie vor der Krippe standen und das Christkind bewundern sollten. Sie wollten sich ausschütten vor Lachen, tuschelten dummes Zeug und streckten sich gegenseitig die Zunge heraus.

«Kinder!» rief ich verzweifelt. «So geht's nicht! So, wie ihr euch über die Krippe beugt, sieht es aus, als ob ihr in einen Kochtopf guckt und feststellt, daß es wieder einmal Erbsensuppe gibt. Ihr habt doch eben die Frohe Botschaft gehört! Das muß man euch ansehen. Die Freude! Das Verwundern!» Und ich machte es ihnen immer wieder vor. Es nützte nichts, sie grienten und kicherten.

«Nimm die Puppe aus der Krippe, Mutti», riet Klaus mir. «Über die müssen wir doch immer wieder lachen. Weißt du noch, wie wir Jungens die früher operiert haben? Sie hat immer noch das ‹abbe› Bein. Da braucht doch nichts in der Krippe zu liegen. Wir tun dann so. Das ist bestimmt besser, als wenn da die alte Gisi im Heu liegt.» Mir war es recht, aber an die Aufführung dachte ich jetzt doch mit erheblichem Herzklopfen. Ich wollte mich doch nicht blamieren.

Dann war der Heilige Abend da. Überall in den Häusern brannten die Lichter, und zur angesetzten Zeit stellten sich die Nachbarn ein. Die Kinder hatten sich schon früher versammelt und fertiggemacht. Es konnte losgehen. Ich setzte mich ans Klavier, denn auch die musikalischen Darbietungen waren in meine Hand gelegt. Mit dem lieben alten Weihnachtslied «Alle Jahre wieder...» eröffneten wir das Krippenspiel. Alle Kinder erinnerten ihre Texte. Sie bewegten sich frei und fröhlich. Nun kam die kritische Szene vor der Krippe. Der erste Hirt beugte sich herab, er stutzte, sah auf und winkte seinen Gefährten zu. Sie kamen und drängten sich und – o Wunder – echte Freude, Überraschung und wirkliche Verwunderung spiegelten sich in allen Gesichtern. Sie drängten sich richtig, das himmlische Kind zu sehen, und machten den Heiligen Drei Königen nur ungern Platz, die doch auch gukken sollten.

Mir fiel ein Stein vom Herzen. Sie hatten es einfach zauberhaft gemacht. Ich war sehr stolz auf meine kleine Schar und wandte mich erleichtert wieder dem Klavier zu. Wir alle sangen zum Schluß das schönste Weihnachtslied: «O du fröhliche...» Manche Omi wischte sich verstohlen ein Tränchen aus dem Auge. Die Kinder verbeugten sich beim großen Applaus. Dann aber riefen sie mich und zerrten mich zur Krippe. Was gab es dort zu sehen? Muschi, unser aller Liebling, eine bildschöne, goldgelb getigerte Katze, hatte in der Krippe ihre Wochenstube aufgeschlagen! Neben ihr im Heu gebettet lagen vier süße kleine Kätzchen und drängten sich an die mütterliche Wärme. Uns war ein lebendiges Christgeschenk beschert!

Das war vielleicht eine Überraschung! Als mein Mann die Bescherung sah, nickte er mir vielsagend zu. Wir kennen doch unsere Muschi! Sie ist eine emanzipierte Katzendame, die zu allen Zeiten im Jahr den Freuden der Liebe nicht abgeneigt ist. Manche Nacht verbringt sie im Garten – man hört es.

Wir ließen Muschi bis Neujahr in ihrem selbstgewählten Lager. Dann kam die Krippe mit allen Requisiten in den Keller. Bei uns aber stand fest, auch im nächsten Jahr sollte es wieder ein Krippenspiel geben.

Wer weiß, vielleicht sorgt Muschi wieder für eine lebendige Überraschung?

Eleonore Leufgen

Auch ein Polizist kann irren

Heiligabend vor ein paar Jahren. Wie üblich hatte ich den Tag damit verbracht, die letzten Geschenke zu besorgen, und war jetzt auf dem Weg nach Hause. Plötzlich, kurz vor der nächsten Autobahnabfahrt, leuchtete meine Benzinanzeige auf. Da die nächste Tankstelle noch ca. 50 km weit entfernt war, nahm ich die nächste Abfahrt in der Hoffnung, noch eine offene Tankstelle zu finden.

Die nächste Ortschaft war nicht weit. Doch zu meinem Pech war die Tankstelle bereits zu. Was tun? Plötzlich fiel mein Blick auf eine Polizeidienststelle. Die beiden diensthabenden Polizisten waren sehr hilfsbereit, und der eine Beamte erklärte sich bereit, zu sich nach Hause zu fahren, um von dort einen gefüllten Reservekanister zu besorgen. Das gibt's – die Polizei, dein Freund und Helfer.

Während ich auf mein Benzin wartete, kam ich mit dem anderen Polizisten ins Gespräch. Ich erzählte ihm von unseren Hamburger Kamingeschichten und fragte ihn, ob er nicht während seiner langen Dienstzeit etwas erlebt hätte, was erzählenswert sei. Er nahm einen tiefen Zug aus seiner Pfeife, sah mich gedankenverloren an und fing an zu erzählen:

... Es war vor einigen Jahren, so etwa die gleiche Uhrzeit wie jetzt, am Heiligabend. Da erhielten wir über Notruf den Anruf einer älteren Dame, die ganz aufgeregt unsere Hilfe erbat. Es ginge um ihre Nachbarin, eine junge Witwe mit 2 Kindern, um die sie sich große Sorgen mache. Sie wisse genau, die junge Frau sei zu Hause, aber das Telefon sei seit Stunden besetzt und die Klingel abgestellt. Sie habe große Angst, es sei etwas passiert, weil doch vor einem Jahr so etwas Fürchterliches passiert sei. Ich hatte Mühe, die alte

Dame zu beruhigen, und versprach, sofort zu kommen. Während ich Namen und Adresse notierte, fiel es mir plötzlich wie Schuppen von den Augen. Dieser Name und diese Anschrift – ich erinnerte mich, als ob es gestern gewesen sei.

Es war Heiligabend genau vor einem Jahr – ich hatte wieder Dienst. Das Wetter war miserabel. Es hatte geregnet. Dann wurde es auf einmal kalt, und die Straßen überzogen sich mit extremem Glatteis. Die Katastrophenmeldungen überschlugen sich. Auf der nahe gelegenen Autobahn jagte ein Unfall den anderen. Wir hatten alle Hände voll zu tun. So vernahm ich nur am Rande die Meldung meiner Kollegen von der Autobahnpolizei, daß an der Autobahnausfahrt ein schwerer Unfall passiert sei. Ich wurde erst ca. eine halbe Stunde später daran erinnert, als meine Kollegen anriefen und uns die Personalien der bei dem Unfall beteiligten Personen durchgaben mit der Bitte, die Angehörigen zu benachrichtigen, die bei uns im Ort wohnten. Ganz zum Schluß der Meldung fügte der Kollege mit leiser Stimme hinzu: «... und wenn's geht, Kollegen, nicht telefonisch, geht besser hin. Es hat keiner den Unfall überlebt.»

Ein jüngerer Mann und ein älteres Ehepaar! Wem würde ich die Nachricht überbringen müssen – und das am Heiligabend. Ich machte mich auf den Weg. Ein schmuckes Reihenhaus in der neuen Siedlung am Rande unseres Ortes. Dann stand ich vor der Tür und holte tief Luft. Es war immer das gleiche – aber nie wurde es Routine für mich. Wieder einmal Überbringer einer bitteren Nachricht.

Ich klingelte. Hinter der Tür wurde Kinderlachen laut. «Oma, Opa sind da und Papa! Hurra...» Die Tür flog auf, und zwei neugierige Augenpaare musterten mich überrascht. Hinter ihnen trat eine junge Frau aus der Küche. Sie trocknete sich gerade die Hände an ihrer Schürze, und dann sah sie mich – zunächst ein Blick der Überraschung, dann Ungläubigkeit, Angst, dann das Begreifen...

Ich ging erst wieder, als ich eine Nachbarin fand, die sich

bereit erklärte, alle drei für die Nacht bei sich aufzunehmen. Andere Angehörige waren nicht mehr da. Auf der Rückfahrt ins Büro fuhr ich noch bei unserem Pastor vorbei, und er versprach mir, noch in derselben Stunde die Familie aufzusuchen.

Jetzt, ein Jahr später, auf den Tag genau, stand ich wieder vor dem Haus. Kein Kinderlachen, kein Duft nach Plätzchen – alles dunkel. Verdammt, hoffentlich kam ich nicht zu spät. Die Nachbarin hatte recht, die Klingel funktionierte nicht. Über Funk rief ich den Notarzt. Dann rannte ich ums Haus. Da, im Wohnzimmer war ein Lichtschein zu sehen. Ich überlegte nicht lange, ließ alle Vorschriften Vorschriften sein, wickelte meine Jacke um den Arm und schlug die Terrassentür ein. Mit einem Satz hechtete ich ins Wohnzimmer... und starrte in drei entsetzte Augenpaare. Völlig verblüfft blieb ich stehen. Hinter mir kam mein Kollege ins Zimmer. Plötzlich war auch das Martinshorn zu hören. Der Notarzt... Ich brachte kein Wort hervor. Noch bevor ich mich gefaßt hatte, sah mich die junge Frau verstehend an, und sie sagte mit leiser Stimme: «Sie haben doch nicht etwa gedacht, ich... wir... würden so etwas tun? Daß ich denen» – sie zeigte auf die Kinder – «das antun könnte?»

«Aber», stotterte ich, «wieso haben Sie denn das Telefon und die Klingel abgestellt?» Sie antwortete mit noch leiserer Stimme, daß sie kein Mitleid wollte, gerade heute nicht. Sie wollte mit den Jungen feiern, so wie immer, als ihr Mann noch lebte. Ich sah mich um, ein kleiner Baum mit Kerzen, alles liebevoll geschmückt, auf dem Tisch die Weihnachtsgeschichte, aus der sie wohl gerade den Kindern vorgelesen hatte, als ich in das Wohnzimmer einbrach...

Der Polizist schwieg. Auch ich sagte nichts mehr. Beide hingen wir unseren Gedanken nach. Plötzlich Stimmengewirr im Flur. Die Tür wurde aufgerissen, zwei Jungens stürmten in den Raum – hinter ihnen der andere Polizist mit seinem Reservekanister. Er lachte und sagte: «Ich habe hier deine Rangen mitgebracht. Sie gehen deiner Frau ganz schön auf die Nerven. Ich habe ihr versprochen, daß sie bis zum Dienstschluß hierbleiben dürfen. Du sollst aber pünktlich zur Bescherung da sein.» Zu mir sagte er: «Na, junge Frau, dann wollen wir uns mal um Ihr Auto kümmern, damit Sie auch pünktlich zur Bescherung kommen.» Sprach's und schob mich aus der Tür.

Ich warf noch einen letzten Blick auf meinen Gesprächspartner, der mir zulächelte. Draußen vor der Tür sagte sein Kollege zu mir: «Tja, da staunen Sie, was? Der hat zwei prächtige Kinder.» Vertraulich beugte er sich vor und sagte: «Und stellen Sie sich vor, es sind nur seine Adoptivkinder. Wissen Sie, eigentlich war es eine furchtbar traurige Geschichte, aber dann ist doch eine richtige Weihnachtsgeschichte daraus geworden. Wenn Sie mal wieder hier vorbeikommen, werde ich sie Ihnen gern erzählen.»

Eberhard Baumgart

Da habe ich ja noch einmal Glück gehabt

Kurz vor Weihnachten war es bei uns soweit, daß unser «Großer» abends noch einmal aus dem Bett kam, sich an seine Mutter schmiegte und wehen Herzens fragte, ob es stimme, daß es keinen Weihnachtsmann gäbe. Wir bejahten dies, versuchten seinen Schmerz jedoch dadurch zu versüßen, daß wir meinten, daß jeder Vater, jede Mutter und jedes Kind, die für einen anderen Menschen zu Weihnachten etwas basteln, ja auch eine Art Weihnachtsmann wären. Er dachte lange darüber nach, es leuchtete ihm irgendwie ein, und unbewußt begann er am Daumen zu lutschen.

Plötzlich schreckte er auf: «Dann gibt es wohl auch keinen Osterhasen? Dann macht wohl auch Vati immer die Nester im Garten?» Unsere Bestätigung löste jedoch keine erneute Niedergeschlagenheit aus. Im Gegenteil! Er atmete befreit auf, und man hörte regelrecht einen Stein von seinem kleinen Herzen fallen, als er sagte: «Ein Glück, daß ich euch danach gefragt habe! Ich wäre doch glatt am Ostermorgen im Bett liegengeblieben – später, wenn ich Vati bin und selber Kinder habe!»

Nguyen thi Phi

Das Weihnachtslächeln

Ich bin eine Vietnamesin und lebe seit drei Jahren in Deutschland. Vor vier Jahren noch lebte ich in einem thailändischen Flüchtlingslager und wartete auf die Einreisegenehmigung nach Deutschland. Meine Cousine Lien, die schon seit vielen Jahren mit ihren Eltern in Hamburg lebt, schickte mir an Weihnachten einen Brief, durch den ich zum erstenmal etwas vom deutschen Weihnachtsfest erfuhr. Ich habe ihn mit Hilfe einer deutschen Freundin übersetzt:

Liebe Phi,
heute ist schon der erste Weihnachtstag, und Du bist immer noch in diesem Lager in Thailand. Ich hatte so sehr gehofft, daß Du schon zu Weihnachten die Einreisegenehmigung bekommen würdest, denn jetzt ist die beste Zeit für einen Ausländer, nach Deutschland zu kommen.
Jetzt in der Weihnachtszeit sammeln sie überall für die Menschen in der dritten Welt, damit sie sich an Weihnachten auch freuen können. Sie machen Feiern mit Kuchen und Keksen für die alten und einsamen Menschen. In der Schule haben wir Weihnachtslieder ein-

geübt, und dann sind wir in ein Krankenhaus gegangen, um für die
kranken Menschen zu singen.

Ich bin in den letzten Tagen oft durch die Straßen gegangen.
Einfach nur so, ohne etwas zu kaufen. Überall geschmückte Tan-
nenbäume und beleuchtete Sterne.

Und die Menschen. Sie eilen vorbei, mit Paketen beladen. Und
sie haben so ein Lächeln im Gesicht. Ein Weihnachtslächeln.

Darum hatte ich gehofft, Du könntest schon jetzt kommen, denn
ich weiß nicht, wie lange das Lächeln bleibt.

Deine Lien

J. Birka

Ein Weihnachtswunsch

Drei Tage vor Weihnachten. In allen Ecken knisterte und ra-
schelte es. Päckchen wurden liebevoll verpackt.

Oma und Opa meinten, sie wollten sich von dieser Hektik
nicht anstecken lassen, obwohl sie am selben Ort wohnen wie
ihre Kinder und die vier Enkelkinder. Die Eltern wollten noch
Einkäufe erledigen, wobei sie ihre Sprößlinge ganz und gar
nicht gebrauchen konnten. Also wurden sie für einige Stunden in die Obhut der Großeltern gebracht. Oma wurde gefragt: «Mutti, brauchst du noch etwas aus der Stadt?», aber sie
antwortete: «Laßt mal, ich gehe selbst morgen noch einmal
einkaufen. Ich will mir aus der Stadt einen neuen Küchenfreund mitbringen. Der alte ist wirklich nichts mehr wert.»

Schien es nur so, oder hatten die Enkel seitdem einen traurigen Blick für ihre Großmutter, wenn sie in ihre Nähe kam?
Die drei Ältesten steckten die Köpfe zusammen und tuschelten miteinander. Na ja, auch Kinder haben ihre Geheimnisse
vor Weihnachten.

Einen Tag vor Heiligabend lag ein Brief mit noch etwas ungelenker Schrift im Briefkasten. Die neunjährige Enkelin schrieb: «Liebste Oma, wir sind alle vier traurig, daß Du Dir einen neuen Freund besorgen willst. Du hast gesagt, der alte ist nichts mehr wert. Aber das stimmt gar nicht. Opa hilft Dir doch immer soviel im Haushalt. Er geht auch oft einkaufen. Du sagst doch selbst immer, ja, die Jüngste bin ich auch nicht mehr. Mußt Du dann, wo Du doch schon alt bist, noch einen Freund haben?

Überlege Dir das noch einmal! Wir wollen fast keine Geschenke haben. Nur einen großen Weihnachtswunsch haben wir:

Bleibe bei Opa!

Am Heiligen Abend wurden die Geschenke kaum beachtet. Es lag Spannung über der kleinen Gesellschaft. Jeder wartete wohl heimlich, wann Oma nun ihren neuen Freund zeigen würde, da sagte sie: «Ich habe den Brief erhalten und mich so sehr darüber gefreut. Daraus habe ich gesehen, wie lieb ihr uns habt. Aber trotzdem muß ich euch sagen, daß ich doch einen neuen Küchenfreund mitgebracht habe. Wollt ihr ihn sehen?»

Alle drei sagten: «Nein, niemals!»

Die Kleinste konnte noch nichts sagen (sie war fünf Monate alt), aber wie zur Bestätigung brüllte sie los – allerdings wohl mehr vor Hunger. «Seht ihn euch doch erst mal an, dann könnt ihr immer noch sagen, was ich mit ihm machen soll», antwortete Oma, und alle waren gespannt, was sie aus der kleinen Plastiktüte herausholen würde. Die Große platzte heraus: «Aber Oma, das soll ein Küchenfreund sein? Mama hat auch so etwas. Damit dreht sie immer die Bratkartoffeln um.» Der zweite sagte mit seiner etwas tiefen Stimme: «...und Fisch auch.» Und der dritte ergänzte: «Meine Mama dreht damit immer den Eierkuchen um.» Welchen Spaß hatten alle an diesem Abend.

Opa meinte, es wäre das schönste Weihnachtsfest in seinem Leben gewesen. Und Oma sagte dazu: «Ja, was haben wir für ein Glück, solche Enkelkinder zu haben.»

Aber es ist schon so, Glück läßt sich nicht beschreiben – man muß es erleben.

Käte Brancke

«... wohl zu der halben Nacht»

Wir hatten gerade ein wenig Tritt gefaßt in unserer durch die Deportation in die UdSSR so plötzlich veränderten Situation, da kam Weihnachten auf uns zu. Nicht, daß wir Zeit gehabt hätten, den Gedanken an Weihnachten lange nachzugehen, dafür stand die Notwendigkeit, mit dem so abrupt veränderten Leben fertig zu werden, zu sehr im Vordergrund. Bäume waren zu fällen, Holz zu hacken, damit wir ein warmes Zimmer hätten und auch eine warme Mahlzeit. Wasser war heranzuschaffen aus dem kleinen See, der sich mitten auf unserer Insel im Seliger See befand, durch den die Wolga fließt. In die großen gemauerten Öfen mußten am Abend fast meterlange Holzscheite eingelegt werden, damit sie über Nacht austrockneten und vom Lockfeuer aus Späne und Tannenzapfen erfaßt werden konnten.

Anfang Dezember fror der See zu. Da waren wir für die nächsten Tage, vielleicht Wochen, von aller Welt abgeschnitten und fürchteten uns vor der Verbindungslosigkeit mit der Außenwelt.

Nun war mit uns eine hochschwangere Frau auf die Insel gekommen, die noch vor dem Zufrieren des Sees ins Krankenhaus nach Moskau transportiert werden mußte. Wir nahmen uns ihrer sechsjährigen Tochter an, die unsere ganze Familie mit den aus dem Zug mitgebrachten Läusen beglückte, so daß wir alle mit einem kerosingetränkten weißen Turban herumliefen, um diese Tierchen wieder loszuwerden.

Ein paar Tage vor Weihnachten war ich einmal durch den Wald geschlendert, so im Bogen um das Institut herum, an der Poliklinik vorbei, an zwei Holzschuppen entlang, in die mich die Neugier trieb. Zwei Fässer standen darin mit verwischter, aber anscheinend deutscher Aufschrift, jedenfalls waren es keine kyrillischen Buchstaben. Ich wußte, daß die Insel vor noch nicht langer Zeit umkämpft gewesen war. Ich kam an zwei Gräbern vorbei, deren Holzkreuze umgefallen, die Namen nicht mehr zu entziffern waren. «Wofür liegt ihr nun hier?» hing ich meinen Gedanken nach und kehrte zum Schuppen und zu den Fässern zurück. In der Dämmerung konnte ich mühsam noch erkennen: Lebertran.

Gerade richtig für unsere vielen Kinder, deren Ernährung uns ohnehin Sorge machte.

Vom Inseldirektor bekamen wir den Lebertran, genau am Heiligen Abend, und verteilten ihn an die Kleinkinder, einen halben Liter für jedes Kind. Die Russen hatten Nüsse spendiert, die auch verteilt werden mußten.

Mit dem Ruf «Riba ni nada wam?» (Brauchen Sie keinen Fisch?) hatte uns ein Russe für einen Teller Suppe und ein paar Rubel am Vorabend einen geräucherten Lachs gebracht. Ein Festessen. Er wurde auf einer schönen runden, für ihn eigens zurechtgesägten Baumscheibe serviert, dazu Brot, aus dem wir durch Rösten das Wasser vertrieben hatten. – Mit angeräucherten Tannenzweigen zauberten wir Weihnachtsstimmung ins Zimmer. Unter dem eben geschlagenen Baum brannten in kleinen Schälchen Kerosinlichter, Kerzen hatten wir nicht. Die Kinder freuten sich ihrer vom Vater selbstgebastelten Spielsachen. Wir waren todmüde, aber glücklich des Zusammenseins.

Kurz vor Mitternacht klopfte es an unsere Fensterläden. Ich ahnte, was kommen sollte. «Meine Frau hat solche

Schmerzen, können Sie nicht mal kommen?» – Natürlich konnte ich, ich mußte es ja.

«Mitten im kalten Winter, wohl zu der halben Nacht...» dachte ich und zog mir die Wattejacke und die Filzstiefel an, ging rüber ins Holzhaus.

Da stand ich nun vor dem Bett der werdenden Mutter, die Müdigkeit war verflogen, ich war wieder hellwach und sah mich um. Nichts, aber auch gar nichts war vorbereitet für das zu erwartende Kind. Warmes Wasser? Der Ofen war aus. Die Nachbarn schliefen, sie hörten unser Klopfen nicht. Wo war eigentlich das Bettchen für das Kind? Oder wenigstens ein Ersatz?

Während sie wehte und preßte, schickte ich ihren Mann, der so hilflos dabeistand, fort, hinüber zu dem meinen mit der Bitte, unseren Holzkorb auszuleeren, ihn so gut es ging sauberzumachen, ein altes Laken hineinzugeben, den Rest Kölnisch Wasser mitzubringen und die große Schere, den Topf mit warmem Wasser, der noch in der Küche auf dem Herd stehen müsse. Es dauerte nicht lange und mein Mann kam, brachte alles mit, auch den «Vater» (der noch keiner war), der aber wenigstens beim Tragen helfen konnte. Mein Mann entfernte sich zwar schnell wieder, ich bat ihn, auch den anderen gleich wieder mitzunehmen.

Es ging nun sehr schnell. Die Wehen wurden immer heftiger, sie preßte und das Kind war da. Ein Mädchen. Da lag nun dieses kleine Etwas, verschmiert und blutig, und schrie. Mir zitterten die Knie. Die Mutter durfte meine Erregung nicht merken; es war an mir, ihr ein gewisses Gefühl der Sicherheit zu geben. Die Nachgeburt mußte vollständig sein, das wußte ich. Ich half nach, massierte den Bauch – nein, zuerst das Kind versorgen. Die Ligaturen hatte ich säuberlich hingekriegt, mit dem Rest Kölnisch Wasser rieb ich die Schere ab – das Herz schlug mir bis zum Hals vor dem Durchtrennen der Nabelschnur. «Diese Verantwortung», dachte ich, wie konnte ich mir eine solche Verantwortung aufbürden, nein, wie konnte ich sie mir aufbürden lassen?! «Schneid zu», sagte ich mir, «es muß doch sein.»

In dem Moment tat sich die Tür auf und herein kam unsere Inselärztin, 24 Jahre jung, Valentina Leontina – mein Mann hatte sie gefunden –, ich hätte sie umarmen können. Ein Mensch, der nun die Verantwortung mit mir trug.

«Gut haben Sie das gemacht, wunderbar – kakaja krassiwaja dewuschka!» Dabei war das Kind wirklich nicht schön, zumindest nicht in dem armseligen Zustand, in dem es da lag. Aber wir wuschen es, wickelten es auf russische Art wie eine kleine Mumie, die Arme fest an den kleinen Körper gepackt. – Ich war wie erlöst, fiel richtig innerlich in mich zusammen, nachdem die Anspannung vorüber war. – Während sich Valentina der Mutter annahm, legte ich das Kind nicht in eine Krippe, sondern in unseren notdürftig gesäuberten Holzkorb.

Es war 4 Uhr morgens, als ich durch die eiskalte Nacht nach Hause ging, kein weiter Weg, eben nur am Waldrand entlang. Ich sah den klaren, tiefblauen Himmel über mir und die leuchtenden Sterne und hatte das Gefühl, daß alles gutgegangen war – das beglückte.

Der Frost war grimmig, die hohen Fichten knarrten. Ich hatte das noch nie erlebt, daß Bäume in großer Kälte solche Laute von sich geben, es war wie ein Stöhnen. Es war nicht die Last des gefrorenen Schnees auf den Zweigen, die Fasern der Äste und Stämme waren es, zwischen denen die Feuchtigkeit gefror, sich ausdehnte und damit die Fasern auseinanderpreßte. Es war, als könnte man die Bäume sprechen hören.

Was sprachen wohl die Bäume in dieser Nacht, die wir die Heilige nennen? – Ich glaube, sie raunten mir zu, daß es richtig gewesen war, dem Gebot der Stunde zu gehorchen, mein Möglichstes zu geben, nicht Zweifel zu haben, ob die Verantwortung zumutbar und tragbar war in einer solchen Situation.

Das Kind nannten sie Christa, und es gedieh prächtig.

Ursula Heimann

Der Papagei

1945 kam ich als 6jähriges Mädchen zu meinen Großeltern nach Hamburg. Mein Vater war gleich zu Beginn des Krieges gefallen und meine Mutter starb auf unserer Flucht. Mutter war das einzige Kind meiner Großeltern. So fand ich zwar ein neues Heim, aber dieses Zuhause war erfüllt von Trauer. Die schrecklichen Ereignisse der Flucht hatten tiefe Wunden in mich gerissen.

Großmutter war lieb und gütig, aber niemals huschte auch nur ein kleines Lächeln über ihr Gesicht. Die Stille des Hauses wurde unterbrochen, wenn Großvater nach Hause kam. Er war nach dem Krieg Kapitän auf einem Handelsschiff. Herrliche und kostbare Dinge brachte er für die damals schlechte Zeit mit: Kaffee, Kakao, Tee, Gewürze und Bananen. Die Bananen waren nur für mich bestimmt. Wenn er mich auf den Arm nahm, stöhnte er unter der Last meines Gewichts. «Was bist du doch für ein großes und schweres Mädchen geworden», log er. Dabei war ich nur ein Fliegengewicht. Ich verehrte Großvater und glaubte ihm alles.

Abends lauschte ich gebannt seinen Erzählungen: die schwere See im Atlantik, das bunte Treiben in den Häfen des Orients – und dann die Ausflüge in den Urwald. Mir stockte der Atem. Gab es so was wirklich: Affen, die auf Elefanten ritten, Krokodile, die sich streicheln ließen, und ein Papagei, der immer, wenn er Großvater sah ‹Hallo Arthur›, so hieß Großvater, rief? Ich konnte es nicht fassen.

Als ich im Bett lag, fragte ich Großvater: «Bringst du mir von deiner nächsten Reise einen Papagei mit? Bitte!» Großvater schaute hilfesuchend zu Großmutter. Sie lächelte. Das erste Mal lächelte sie. «Mal sehn, was sich da machen läßt», murmelte er.

Großvater mußte wieder fort. Monate fieberte ich dem Tag entgegen, an dem er wiederkommen sollte. Inzwischen war es Dezember geworden, Dezember 1950. Von unserem Haus konnte man auf die Elbe blicken. Sehnsüchtig schaute ich allen Schiffen nach, die nach Hamburg fuhren. Welches war sein Schiff?

Am Vormittag des Heiligen Abends stand er endlich vor der Tür. Ich wollte ihm gerade in die Arme fallen, als ich spürte, daß er diesmal anders war. Er schwankte, und seine Augen hatten einen fiebrigen Glanz. Großmutter erstarrte. Sie brachte ihn ins Schlafzimmer. «Lauf zu Dr. Schneider, Kind. Hol ihn, schnell», rief sie mit bebender Stimme.

Ich lief zum Arzt. Er war nicht da. Seine Frau sagte, er mache Hausbesuche. Ich ließ mir alle Adressen der Patienten geben, die er besuchen wollte. Ich lief durch unbekannte Straßen, vorbei an Ruinen, stolperte und stieß mir die Knie auf, klingelte an verschiedenen Türen. «Nein, der Arzt ist schon wieder gegangen», antwortete man mir. «Ich muß ihn finden!» hämmerte es in meinem Kopf. Dann endlich fand ich ihn. «Großvater darf nicht sterben, Sie müssen ihm helfen, und der Papagei ist nicht so wichtig», redete ich wirr durcheinander.

Dr. Schneider nahm meine Hand und führte mich zu seinem Auto. «Dein Opa wird nicht sterben, dafür bin ich ja da. Aber was ist mit diesem Papagei?» fragte er. Ich erzählte ihm alles.

Dr. Schneider gab ihm eine Spritze gegen das Fieber. Er beruhigte Großmutter. Dieser Grippevirus sei zwar nicht ungefährlich, aber so gesunde Naturen wie Großvater würden das gut überstehen.

So saßen Großmutter und ich am Heiligen Abend ohne Großvater vor dem erleuchteten Tannenbaum. Im Haus war es still. Da war sie wieder – diese erdrückende Stille wie zu der Zeit, als Großvater fort war. Großmutter schlug die Bibel auf, um die Weihnachtsgeschichte vorzulesen. Da klingelte es. Ein alter Mann stand vor der Tür und fragte, ob hier eine Charlotte wohne. Ungläubig starrte ich ihn an. Woher wußte er meinen Namen? «Einen schönen Gruß vom Weihnachtsmann», sagte er und überreichte mir einen großen Käfig, in dem ein Papagei hockte. Ich brachte kein Wort des Dankes hervor. Wie im Traum nahm ich den Käfig und stellte ihn auf den Tisch. «Hallo Lotte», krächzte der Vogel.

Ich lief zu Großvater und umarmte seinen heißen Körper. «Hat er schon ‹Hallo Lotte› gesagt?» fragte er mit schwacher Stimme. «Ja», rief ich glücklich. «Als wir ihn im Urwald eingefangen hatten, wollte der alte Querkopf sich nicht von Arthur auf Lotte umstellen. Ich sagte zu ihm: ‹Wenn du das nicht bald lernst, drehe ich dir den Hals um, und du wanderst in den Suppentopf.› Hat wohl doch geholfen», zwinkerte er Großmutter zu, die jetzt am Bett stand. Dann schlief er ein.

Großvater erholte sich langsam. Von der Grippe blieben Großmutter und ich verschont. Den Papagei taufte ich Arthur. Großmutter war damit gar nicht einverstanden, aber Großvater fand die Idee herrlich: «Wenn ich mal nicht mehr bin und du nach Arthur rufst, wird ein kleines Glöckchen nach mir bimmeln.»

K. W. Djanani

Mission Teheran
oder
Die gelungene Weihnachtsüberraschung

Gab es etwas Schöneres als Weihnachten in Teheran? Wie immer fing es pünktlich am 21. Dezember an zu schneien, frischen, feinen Pulverschnee. Die zum Greifen nahen, mächtigen Viertausender des Elbruzgebirges hoben sich blütenweiß vom strahlendblauen Frosthimmel ab.

Komisch, in diesem Jahr hatten wir gar nichts von unserem deutschen Opa gehört. Im Sommer war es ihm hier zu heiß, so besuchte er uns ab und zu im Winter.

Zwei Tage vor Weihnachten bekamen wir Schüler der deutschen Schule Ferien. Mama war schnell noch einkaufen gegangen. Ich spielte gerade mit meinem kleinen Bruder Klaus, als wir ein Auto vorfahren hörten und in den Vorgarten schauten.

Da stand er, groß und stark, mit seinem alten Filzhut und dem grauen Wintermantel, mit Tüten, Päckchen, Taschen, Koffern bepackt. Seine Augen, blauer denn je, strahlten: unser Opa aus Deutschland! Johlend stürzten wir uns auf ihn und zogen ihn ins Haus.

«Wo ist die Mama? Pst! Sie soll noch nicht wissen, daß ich da bin. Wartet, ich will mich gleich verstecken.»

Eilig packte er einige der Sachen aus: Wurst, Käse, Gebäck, Vollkornbrot und noch viel mehr. Alles dekorierte er sorgfältig auf dem Küchentisch. Dann versteckte er sich in Mamas Büro, und wir warteten gespannt auf ihre Rückkehr.

Nichtsahnend schleppte sie ihre Einkäufe in die Küche. «Was ist denn hier los? Ein Paket aus Deutschland? Schön, jetzt haben wir aber wirklich alles für Weihnachten.» Lächelnd schüttelte sie den Kopf: «Der alte Knabe vergißt uns auch nie.»

Der kleine Klaus wollte gerade alles verraten, als Opa, der es selbst nicht länger ausgehalten hatte, plötzlich mitten unter uns stand.

Mama schrie auf. Die Freude zwischen Vater und Tochter war groß.

Opa war bereits am Vorabend in Teheran gelandet, hatte dann in einem Hotel übernachtet, um am anderen Morgen per Taxi überraschend bei uns auftauchen zu können. Für ihn ging damit ein langgehegter Wunsch in Erfüllung.

An Heiligabend bastelte er den ganzen Tag an irgend etwas herum: Christbaumständer herstellen, Baum schmücken, Sack und Rute besorgen, Nikolauskleidung zusammenstellen und Maske aus weißem Stoff, Watte und Deckfarben anfertigen... Improvisation war alles!

«Nach dem Krieg habe ich das auch immer so gemacht», erzählte er und lebte richtig auf.

Vater hatte ein Feuer im Kamin angezündet. Weihnachtslieder von Opas mitgebrachter Kassette und edle Bratendüfte durchfluteten das Haus. Alle warteten auf den Weihnachtsmann.

Opa, in seiner Lieblingsrolle als Weihnachtsmann, übertraf sich selbst. Noch einmal, nach dreißigjähriger Pause, zog er alle Nikolausregister. Es sollte sein letztes Weihnachtsfest sein.

Ganz zum Schluß kam der kleine Klaus an die Reihe. Er saß auf Papas Schoß, weit fort vom Nikolaus. Als er sein Gedichtchen aufgesagt hatte, sagte er leise: «Du, Nikolaus, hast du vielleicht dem Opa seine Stiefel geklaut? Der Opa hat auch solche Stiefel.» Nikolaus nahm es ihm nicht weiter übel und klärte den Fall auf: «Weißt du, in Deutschland haben alle Weihnachtsmänner und Opas solche Stiefel, und ich komme ja direkt von dort, über das Elbruzgebirge, geradewegs in dein Haus. Nun komm einmal her, gib dem Nikolaus ein Küßchen und hol dir deine Geschenke aus dem Sack.» Näher als zwei Meter aber traute sich der kleine Kerl nicht heran und sagte nur: «Gib!» Nun schaltete sich auch Mama ein: «Papa, ach nein, Nikolaus, gib es ihm doch bitte.» Daß sie sich auch immer wieder versprechen mußte!

Als Nikolaus fort war, kam auch der Opa wieder. Kläuschen lächelte mitleidig: «Du bist aber ein Angsthase! Du brauchtest dich doch nicht im Keller zu verstecken. Aber, Opa, der Nikolaus hatte, glaube ich, doch deine Stiefel an.»

Sabine Lohse

Die Frau mit der roten Strickjacke
oder
Der Pfefferminzlikör

In stillen Stunden der Vorweihnachtszeit hatten meine Mutter und ich uns viele Male vorgestellt, was für eine Überraschung es wohl sein würde, wenn ich die Großeltern völlig ohne Ankündigung zum Weihnachtsfest besuchte. So mir nichts, dir nichts stünde ich auf dem Bahnsteig. Großmutter und Großvater lebten bereits 35 Jahre auf dem Bahnhof des Dorfes, in dem ich auch geboren wurde und fünf Jahre gewohnt hatte.

Der Zug rollt ein, ich bin voller Erwartungen, schaue mich um, steige die hohen, unbequemen Stufen des Personenwagens hinunter, gehe auf den älteren Herrn in Uniform zu und halte ihm mit beiden Händen die Augen zu. «Kind, um Himmels willen, wo kommst du denn her?» Wir herzen und drücken uns und sind über und über glücklich. Im Traum kann es gar nicht schöner sein.

Leider ist es aber niemals so gewesen, denn meine Großeltern wohnten in der DDR, und eine Überraschungsreise konnten wir nur in unserer Phantasie planen. Die Gedanken, die meine Mutter und mich damals fröhlich machten, konnten nur wir beide verstehen, und wir empfanden eine innige Verbundenheit dabei. Nur sie und ich wußten, wie sehr meine Großeltern mich liebten und was es für sie bedeutet hätte, mich, ihr Enkelkind, das sie fünf Jahre lang großgezogen hatten, einmal wiederzusehen. Acht Jahre waren vergangen, seit ich von den beiden lieben Menschen getrennt wurde. Als meine Eltern und ich mit dem Flugzeug von Tegel nach Langenhagen flogen, ahnte ich noch nicht, daß ich sie nun für lange, lange Zeit nicht mehr besuchen durfte.

Nun, die Jahre vergingen, ich wurde älter, und meine Eltern wollten es wagen, mich in den Weihnachtsferien alleine zu den Großeltern reisen zu lassen. Nicht ganz ohne Herzklopfen brachten mich Mutter und ein netter Nachbar zum Bahnhof. Ein eigenes Auto hatte unsere Familie noch nicht erworben und so baten wir Herrn Meier, uns zu helfen, denn mein Koffer war groß und schwer, gefüllt mit vielen guten Dingen, die man in der DDR nicht kaufen konnte oder die dort sehr teuer waren. Herr Meier, ein großer, stattlicher Mann in den besten Jahren, half uns gern. Nicht zuletzt, weil er einen nagelneuen Käfer besaß, auf den er recht stolz war.

Dann rollte der Zug aus dem Bahnhof, ein paar Tränen kullerten die Wangen meiner Mutter herab, und wir winkten uns zu, bis das weiße Taschentuch in unseren Händen nicht mehr zu erkennen war.

Ich hatte nette Reisegesellschaft. Ein Herr aus Chicago fuhr mit mir im selben Abteil bis West-Berlin. Ich erinnere mich, daß er Mr. Nader hieß und ich mich mit ihm sogar auf englisch unterhielt. Schulenglisch natürlich, denn ich war gerade dreizehn Jahre alt geworden. Mr. Nader lobte meine Sprachkünste, und ich fühlte mich sehr geehrt. In Berlin-Zoo wünschten wir uns frohe Weihnachtstage und er mir eine angenehme Weiterreise. Ich zog schon langsam meinen Mantel an, stellte meinen Koffer bereit und wartete, daß die Lokomotive in Berlin-Friedrichstraße stoppte. Den großen Unterschied der beiden Berliner Stadtteile sah ich diesmal noch nicht, war nur in heller Aufregung. Meine Oma wollte mich hier in Empfang nehmen; ich hatte sie zuletzt gesehen, als ich fünf Jahre alt war! Jedoch kamen mir keinerlei Bedenken, sie nicht auf Anhieb wiederzuerkennen. Ihr markantes Zeichen war eine rote Strickjacke, die sie trug. Ich dagegen hatte nur mich selbst. Die Kontrolle der Volkspolizei beunruhigte mich nicht, im Gegenteil, ich fand es recht nett, wieviel Mühe man sich meinetwegen machte. Zudem war ich als Backfisch in einem Alter, in dem man gerne so manchen verstohlenen Blick in fremde Männeraugen wagt. Augenkontakte beförderten mich also mit der Menschenschlange durch eine große braune Tür, die, bevor sie mich freigab, noch mit dicken blauen Decken verhängt war. Plötzlich stand ich draußen in der kalten, dämmerigen Dezemberluft und sah das Gewirr von unheimlich vielen Leuten. Alle warteten geduldig auf Verwandte oder Bekannte aus dem Westen.

«Oma», rief ich laut, ließ alles stehen und liegen und rannte auf die rundliche kleine Frau mit den treuen braunen Augen und der roten Strickjacke zu. Wir hielten uns ganz lange in den Armen, und Oma küßte mich mit ihren nassen, lieben Küssen. Ich hielt ganz still. Zu lange hatten wir uns auf diesen Augenblick gefreut, sie bestimmt noch inniger als ich. Wir kamen in die Wirklichkeit zurück, und Oma fragte mich ganz erstaunt, ob ich denn keinerlei Gepäck habe. «Doch», antwortete ich ganz brav, «den Koffer habe ich gleich bei der Ausgangstür abgestellt.» «Constanze, das darf man hier nicht tun, in so einer Großstadt klauen sie wie die Raben.» Den Satz werde ich nie vergessen! Panik! – Inmitten des ganzen Menschengewühls stand mein Koffer, Gott sei Dank, an seinem Platz. Das war großes Glück! An einem so herrlichen Tag kann man ja gar kein Pech haben.

Wir hielten uns fortwährend an den Händen fest, und Oma wunderte sich und staunte nicht schlecht, wie ich gewachsen war. Opa hatte in W. Dienst, wollte den Christbaum schmücken und konnte unsere Ankunft kaum abwarten.

Die Reise war nämlich in Berlin noch nicht zu Ende, ungefähr die Hälfte hatte ich geschafft. Meine Großeltern lebten in einem kleinen Dorf in der Nähe von Stralsund.

Kuchen und Cola-Gold halfen, mich zu stärken, und weiter ging die Fahrt. Jetzt nicht mehr allein. Ich fühlte mich sicher an Omas Seite. Sie kannte die Strecke ganz genau. In den fünfziger Jahren war sie einmal im Monat nach West-Berlin gefahren, um für mich Hautcreme oder Bananen zu besorgen. Heute brachte sie auch etwas sehr Wertvolles mit nach

Hause. Die Zeit verging nun wie im Flug, wir hatten Gesprächsstoff für Wochen.

Die Freude eines Menschen über meine bloße Anwesenheit habe ich in meinem weiteren Leben in dieser Art und Weise nie wieder erlebt. Für meine Oma war ich etwas ganz Besonderes. Wer kann das schon von sich behaupten?!

Beim Aufenthalt auf dem letzten Umsteigebahnhof war es schon später Abend geworden, die Heilige Nacht. Auf dem Bahnsteig wollten wir nicht auf den Zug warten, deshalb nahmen wir im Bahnhofslokal Platz. Nur wenige Gäste saßen an den Tischen. Ich hatte schon wieder Hunger und bekam auch Würstchen mit Kartoffelsalat spendiert. Wir beide waren von der ellenlangen Fahrerei ziemlich abgespannt, und ich glaube, Oma war schon etwas heiser vom Erzählen und Fragen, da brachte der Kellner einen Likör an unseren Tisch. Wir beteuerten, keinen solchen bestellt zu haben, doch der Kellner klärte uns auf: «Der Pfefferminzlikör ist für das kleine Fräulein von dem jungen Matrosen am Tisch gegenüber.» Ich war ganz verlegen. Oma meinte, den Likör müsse ich wohl annehmen. Irgendwie freute ich mich, daß ich an diesem Abend von einem Unbekannten aus dem anderen Teil Deutschlands so lieb begrüßt wurde. Ich prostete dem Matrosen zu und trank.

An die Sache mit dem Pfefferminzlikör habe ich noch oft gedacht. Letzte Weihnacht, als ich mit meiner Familie in einem französischen Lokal speiste, da servierte man uns zum Nachtisch ein Pfefferminzsorbet. Mir wurde klar, wieviel Zeit seit dem Abend in der Bahnhofsgaststätte vergangen war. Und einmal, so erinnere ich mich, war mir von einem hochprozentigen Pfefferminzlikör, den ich im Übermaß genossen hatte, ziemlich übel geworden. So zog der Likör seine Kreise.

Angekommen um Mitternacht, erwartete uns mein Großvater am Zug. Nach der langen Zeit hätte er mich fast nicht wiedererkannt. Mir hingegen war er nicht im geringsten fremd, und ich konnte mich noch recht gut auf den Bahnhof, das Haus und die Räumlichkeiten besinnen. Wunderschöne Wochen sollten nun beginnen, und als ich die Stiegen hinauf- lief, sah ich den prächtig geschmückten Weihnachtsbaum, der mich freundlich begrüßte, und es kam mir vor, als sei ich endlich von einer langen Reise heimgekehrt.

Gertraute von Lilienhoff

Mutti kann nicht schimpfen

In meinem langen Leben habe ich natürlich auch sehr viele Weihnachtsabende erlebt. Schöne, traurige, kirchlich- fromme, hungrige. Aber doch auch lustige. Und von solch einem will ich erzählen. Dieser Weihnachtsabend liegt schon zurück in meiner Kindheit. Ich war wohl ungefähr zwölf Jahre alt.

Meine Mutter hatte sich eine scheußliche Erkältung zuge- zogen und war völlig heiser. Die Tage vor dem Fest mußten das Hausmädchen und ich das Parkett in dem riesigen Eß- zimmer mit Stahlspänen schrubben und dann mit gelbem Bohnerwachs einreiben. Nun konnte der Heilige Abend kommen! Nachmittags brannten noch die letzten Kerzen- stummel am Adventskranz, aber – o Schreck! – die Tisch- decke fing Feuer! (Zum Glück wurde das schnell bemerkt, und die Feuerversicherung trat später auch ein.) Das war die erste Panne, die uns Kindern Spaß machte.

Dann kam Panne Nr. 2. Vater zündete immer die Kerzen an der großen Tanne an. Doch unbemerkt lief unser Schäfer- hund mit in das Weihnachtszimmer, wedelte mit seinem Schwanz das Lametta durcheinander und riß dabei fast den Baum um. «Pfui, pfui», rief Vater – wir wußten vor der Tür

30

gar nicht, was das bedeutete. Und nun kam die 3. Panne: Ich hatte meinem jüngeren Bruder eine Wasserpistole geschenkt, die er natürlich sofort ausprobierte. Das Wasser ergoß sich aber sogleich auf den so mühevoll gereinigten Parkettboden, und Mutter, die ja nicht sprechen konnte, schrieb auf einen Zettel: «Horst soll das nachlassen!» Wir Kinder feixten, sangen trotzdem noch artig «Stille Nacht», und als es viel später zum Zubettgehen kam, sagte mein Bruder: «Das war das schönste Weihnachten, weil Mutti nicht schimpfen konnte!»

Wolfgang Fiedler

Duft unter dem Weihnachtsbaum

Weihnachten 1933. Ich war mit meinen acht Jahren stolzer Besitzer von 50 Pfennigen, und es galt, davon Weihnachtsgeschenke für Vater und Mutter und meine kleine Schwester zu kaufen.

Für die Mutter war das nicht schwierig, sie duftete immer so schön nach ihrer Seife, die kein anderer benutzen durfte, und auch der Preis von 20 Pfennigen erschien mir für Mutters Geschenk vertretbar.

Für die Schwester Gerlind gab es keine langen Geschenküberlegungen. Sie mochte bunte Lackbilder so gern, und ich erwarb für sie in unserem Schreibwarenladen fünf bunte Lackbilder für 10 Pfennig, darunter ein besonders schönes, nämlich einen pausbackigen und selig lächelnden Engel auf einer Wolke sitzend.

Aber was sollte ich bloß für die letzten 20 Pfennig für den Vater kaufen? Nach langem Überlegen fiel mir plötzlich ein, daß Vater so gern Harzer Käse mochte und ich ihn sicherlich damit sehr erfreuen würde.

Tatsächlich bekam ich für mein restliches Geld ein Käseröllchen. Wie froh war ich, nun für jeden das richtige Geschenk gefunden zu haben.

Endlich war der Abend da, und nach dem Kirchgang durften wir gleich in das Weihnachtszimmer. Meine schön eingewickelten Geschenke legte ich unter den geschmückten Tannenbaum.

Aber bis zur Bescherung dauerte es noch unendlich lang, denn Vater las erst die ganze Weihnachtsgeschichte noch einmal, obwohl wir sie in der Kirche doch schon gehört hatten. Dann mußte ich mein Gedicht aufsagen und schließlich sangen wir viele Weihnachtslieder, die Mutter auf dem Harmonium begleitete.

Zwischen «O Tannenbaum» und «O du fröhliche» rümpfte Mutter die Nase und meinte: «Was riecht das bloß komisch?» Auch ich nahm wahr, daß es nicht gerade weihnachtlich roch.

Nun begann endlich die Bescherung. Mit großer Spannung verfolgte ich, ob meine Geschenke auch die erhoffte Freude auslösen würden.

Als Vater sein Harzer-Käse-Geschenk auswickelte, war die Ursache des anrüchigen Duftes geklärt.

Mutter ergriff die Initiative und sagte: «Ach, Vati, das ist aber eine große Weihnachtsfreude für dich; du möchtest den Käse sicherlich gleich zum Abendbrot essen, wo du ihn so gern magst!»

War da nicht plötzlich ein süßsaures Lächeln, das über das Gesicht meines Vaters huschte?

Und so opferte er sich am Heiligabend und aß zunächst den Käse statt der Würstchen, um den ominösen Duft aus dem Weihnachtszimmer zu verbannen.

Helmut Johanning

Lokwechsel

Heiligabend 1944. Zusammen mit etwa dreißig Kameraden befand ich mich als Soldat in einem ungeheizten Güterwagen. Ein Frontwechsel fand statt. Seit Tagen schon rollten wir von Osten nach Westen. In dieser Nacht durchfuhren wir unser Heimatland, es war ein eiskalter Wintertag. Die Stimmung hatte den Nullpunkt erreicht, jeder von uns hing seinen eigenen Gedanken nach und schwieg.

Gegen 20 Uhr lief der Militärtransportzug in einen Güterbahnhof ein. Irgendeiner von uns öffnete die Schiebetür und gab lakonisch von sich: «Lokwechsel, kann schon was dauern.» Wegen der Kälte sprangen wir vom Waggon herunter, um uns durch Laufen zu erwärmen. Zusammen mit mehreren Soldaten stand ich in der Dunkelheit plötzlich vor einem Haus, in einer Straße neben dem Bahngelände. Wir lauschten unter dem Fenster und hörten Kinder- und Frauenstimmen Weihnachtslieder singen. Andächtig hörten wir diesen ungewohnten Klängen zu und kamen uns vor wie Diebe, die hier nichts zu suchen hatten. Ganz erstaunt guckten wir uns gegenseitig an, bis das Geräusch der ankoppelnden Lokomotive uns in die Wirklichkeit zurückrief. – «Scheißkrieg», hörte ich einen von uns fluchen, er war älter als wir anderen und hatte Frau und Kinder. Wortlos gingen wir zurück und kletterten in die Waggons. Bald darauf rollte der Zug weiter in die schwarze Nacht hinaus.

Ich empfand ein unbekanntes Glücksgefühl nach diesem Erlebnis. Ich hatte in Deutschland deutsche Weihnachtslieder gehört, war zu Hause gewesen und doch nicht zu Hause – und dies nach vier Kriegsweihnachten an der Front.

Weihnachten 1948

Es war ein Winter wie im Bilderbuch. Alles war zugeschneit, und der Frost ließ den Schnee unter den Schuhen knirschen. Der Vollmond erleuchtete die Nacht fast taghell und verzauberte die Welt mit unzähligen glitzernden Sternen.

In dem kleinen Zimmer, das meine Eltern mit uns sechs Kindern teilen mußten, war seit Tagen eine sonderbare Unruhe. Bei uns Kindern war es die Vorfreude auf das nahe Weihnachtsfest. Aber bei den Eltern konnte ich keine Freude entdecken. Sie schienen mir traurig und bedrückt. Oft, wenn die Mutter glaubte, daß niemand es sah, wischte sie schnell ein paar Tränen fort. Auch der Vater, der sonst mit uns scherzte, war still und in sich gekehrt.

So gingen die Tage hin, ohne daß sich irgend etwas änderte. Am Abend saßen wir Kinder, wie so oft, mit der Mutter vor dem flackernden Herdfeuer, das auch die einzige wärmende Stelle in der kleinen Wohnung war. Der Schein des Feuers fiel ins Zimmer und ließ mit viel Phantasie die tollsten Figuren erscheinen. Meist stimmte die Mutter dann ein Lied an, das wir Kinder mitsangen. Aber seit Tagen schwieg sie.

So auch am Abend vor Weihnachten. Sie hatte wieder heimlich geweint, und ich hörte, wie sie leise zum Vater sagte: «In diesem Jahr lassen wir den Weihnachtsbaum lieber weg, dann ist die Enttäuschung bei den Kindern nicht so groß.»

Denn es fehlte nicht nur an Geschenken, sondern auch an Essen und Trinken. An Süßigkeiten oder Zeug zum Anziehen war gar nicht zu denken. Wir Kinder machten uns da noch keine Sorgen, denn der Weihnachtsmann konnte ja alles, der würde schon alles bringen. Da, plötzlich war ein

Geräusch am Fenster. Alles war mucksmäuschenstill. Da, wieder. Irgend etwas schlug von draußen gegen die Fensterscheibe, Da, noch mal. Wir Kinder saßen wie gebannt, keiner rührte sich, alle starrten zum Fenster. Was war das bloß? Sollte etwa doch der Weihnachtsmann...?

Aber die Mutter dachte nur an Dummejungenstreiche und bat den Vater, er möge doch den Spuk beenden, um bei den Kindern keine falsche Hoffnung zu erwecken. Der Vater zündete die Petroleumlampe an, um der Sache auf den Grund zu gehen. Wir Kinder rutschten voller Angst und Mißtrauen auf die Eckbank hinter den Tisch und drängten uns eng zusammen. Mit großen Augen starrten wir nun zur Tür, denn inzwischen hatte es da geklopft. Als der Vater die Tür öffnete, wollte er seinen Augen nicht trauen. Schnell trat er ein paar Schritte zurück, denn in der Tür standen das Christkind und der Weihnachtsmann, beide schwer beladen, und baten um Einlaß. Das Christkind war ganz in Weiß gekleidet und trug eine große Kiepe auf dem Rücken. Der Weihnachtsmann schleppte einen riesigen Sack. Schwer atmend setzten sie sich. Wir Kinder rückten noch dichter zusammen, denn nun wurden wir der Reihe nach aufgerufen und mußten unseren Vers aufsagen. Das war ein Stottern und ein Zittern, aber dennoch wurde jeder mit einer großen Tüte voll Keks, Äpfeln, Nüssen und Süßigkeiten belohnt. Voller Respekt setzten wir uns schnell wieder auf unseren Platz. Die Mutter stand ganz ungläubig abseits und weinte still vor sich hin, aber diesmal waren es Freudentränen. Dann mußten auch die Eltern beten und durften dafür den großen Sack und die Kiepe auspacken. Was da alles drin war! Fleisch, Kuchen und Brot für die Feiertage, sogar Zeug für uns Kinder war dabei. Sie hatten an alles gedacht.

Für die heutige Zeit mag es armselig gewesen sein. Für uns war es ein Wunder.

Die Eltern bedankten sich herzlich beim Christkind und beim Weihnachtsmann, denn die wollten weiter. Sie hatten auch einen weiten Weg von uns zurück. Wir wohnten damals in einem kleinen Jagdhaus im Wald, weit weg vom Dorf.

Lange sprachen wir an jenem Abend noch von der Überraschung, dann mußten wir Kinder ins Bett.

Am anderen Morgen, am ersten Weihnachtstag, weckten uns die Eltern. In unserer kleinen Stube stand der schönste Weihnachtsbaum, den ich je sah.

Es folgten noch viele schöne Weihnachtsfeste in all den Jahren danach, aber nicht eines ist mir in meiner Erinnerung so fest erhalten geblieben wie Weihnachten 1948.

Ich weiß heute noch nicht einmal genau, wer das Christkind und der Weihnachtsmann waren. Ich will es auch gar nicht wissen, aber ich bin heute noch von Herzen dankbar für diese Erinnerung.

Manfred Witte

«Ihr habt ja alles»

Aus meinem Bett kann ich direkt in die Festbeleuchtung der Georgstraße sehen. Voriges Jahr hatten sie Trauben von Glühbirnen in die Kastanienbäume gehängt, das sah ganz hübsch aus. Ungewöhnlich, aber ganz hübsch. Dieses Jahr sind es bunte Neonfiguren, Schwäne, Gänse oder was weiß ich. Das sieht aus wie Zirkusreklame, habe ich zu ihm gesagt. Und er darauf: «Weihnachten ist doch sowieso bloß Zirkus, ein einziger Verkaufsrummel. Die Geschäftsleute verdienen sich eine goldene Nase, und dazu Stille Nacht – Heilige Nacht.» – «Na», hab ich zu ihm gesagt, «an dir hat sich noch keiner eine goldene Nase verdient. Vom Schenken hast du noch nie was verstanden.» Und er: «Aber du, was? Alles bloß Bestechungsversuche, damit die Leute dich mögen. Oder glaubst du, daß die Bälger von nebenan deine Plätzchen nötig haben, vollgefressen wie die sind, den ganzen Tag was Süßes im Hals. Und deine Häkeldeckchen, wer will den Krampf überhaupt?» Vielleicht hat er recht. Aber man muß doch mal mit einem Menschen *reden* können! Was haben er und ich denn noch zu bereden, nach fast fünfzig Ehejahren. Da ist doch alles gesagt. – Nein, schenken hat er noch nie können, dazu hängt er zu sehr am Geld. Für alles ist ihm das Geld zu schade, lieber hortet er es auf der Kasse. Die sollte ihm seine Kontoauszüge nicht so lieblos jeden Monat schicken, sondern als Geschenkpaket zu Weihnachten, alles schön verpackt, am besten jeden verdammten Auszug einzeln in Goldpapier. Sieh mal, Anni, was uns die Kasse heute zum Fest geschickt hat. Früher drückte er mir vor dem Fest einen Hunderter in die Hand: Kauf dir was dafür, und dem Jungen. Was gab es denn schon für die paar Kröten. Wenn ich nicht schon immer vorher was vom Haushaltsgeld zurückgelegt hätte… Aber das durfte er nicht wissen, sonst hätte er mir glatt das Haushaltsgeld gekürzt. – Der Junge hat auch nicht angerufen. Blumen über Fleurop, «Ihr habt ja alles», na, vielleicht stimmt es sogar. Was soll man so alten Leuten denn noch schenken, das lohnt doch nicht mehr. Es fällt bei den Jungen schon schwer, heutzutage. Wenn ich an die überquellenden Spielzeugkisten der beiden Enkel denke. Kassettenrecorder für eine Achtjährige, Unmengen Plastikzeug, da findet ja keine Katze mehr eine Maus. Trotzdem – ich wäre heute gerne dort gewesen. Sie haben da wenigstens einen Baum. Und dann die Freude der Kinder. Auch wenn die ganze Herrlichkeit schon nach einer Stunde in Dutt ist… «*Du* kannst gerne kommen», hat mir der Junge gesagt. «Wie stellst du dir denn das vor?» hab ich gefragt. «Soll ich ihn hier über die Feiertage allein lassen?» Da war das Thema dann vom Tisch. – Vielleicht hätte er mich gar nicht vermißt, es lief ja sowieso bloß den ganzen Abend der Fernseher. Die Tiersendung war noch ganz gut, aber dann das über diese Gastarbeiter… «Man kann das

wirklich nicht mehr mit ansehen, ewig diese Ausländerpro-
bleme, als ob man den Kopf nicht so schon voll genug hat.»
Wie die Türken wohl Weihnachten feiern? Das haben sie im
Fernsehen überhaupt nicht gezeigt. Bestimmt nicht mit
Baum und so, das sind doch wohl alles Mohammedaner...
Na, auf den Baum kommt es auch nicht mehr an, wir haben
schon seit Jahren keinen mehr. «Was werden wir beiden Alten uns davorhocken», hatte er gesagt, als der Junge aus dem
Haus war. Danach hatten wir die erste Zeit noch einen Adventskranz, später ein paar Tannenzweige, jetzt gar nichts
mehr... Blumen von Fleurop. «Ihr habt ja alles...» Ich wäre
gerne heute in die Messe gegangen. Er hatte keine Lust, und
allein als bald Siebzigjährige nachts auf der Straße, wo man
heute soviel liest über all das Furchtbare, was so in der Stadt
passiert...Weshalb hab ich ihn eigentlich nicht dazu gebracht, mit mir in die Christmette zu gehen? Er hätte doch
auch mal was für mich tun können. Aber das hat er ja nie
gemacht... Wie er da liegt und schnarcht... Übermorgen
wird er mir wieder die Ohren vollquaken, daß er kein Auge
zugemacht hat nach der fetten Gans. Sicher, wenn es nach
ihm gegangen wäre, hätten wir sogar zum Fest Buletten gehabt oder Kartoffelsalat. Aber da habe ich mich dann doch
mal durchgesetzt – irgendwie muß unsereins doch auch
merken, daß Weihnachten ist. Sicher, jetzt werden wir die
nächsten Tage Gans essen müssen, bis sie uns zu den Ohren
rauskommt. Und dann habe ich auch noch so eine große pol-
nische genommen. Na, wenigstens sind die besser als diese
zähen ungarischen Gänse, auch wenn die ein paar Mark billi-
ger sind, wenn schon, denn schon... «Ach», wird er sagen,
«und dann der Geruch in den Klamotten, den wird man ja
tagelang nicht los.» Und wenn schon, wir gehen doch sowieso
nirgends hin, und kommen tut auch keiner, und den Fernseher
stört's nicht... Dieser blöde Schwan direkt vor meinem
Schlafzimmerfenster scheint kaputt zu sein, die rote Lampe
im Schnabel geht immerfort an – aus, an – aus, an – aus, wer

soll denn dabei schlafen. Man müßte die Stadt anrufen: «Sie, Ihr Schwan blinkt die ganze Nacht.» Wenn *er* nur nicht so penetrant schnarchen würde – he, Gustav, dreh dich mal auf die Seite! Zwecklos, drei Schnarch und auf ein neues. Dickfellig und gefühllos, sogar im Schlaf. Wie spät ist es überhaupt? Halb drei, mein Gott, werd ich heute müde sein den ganzen Tag. Warum eigentlich? Ich könnte doch ausschlafen, mir läuft ja nichts weg. Ich werde einfach liegenbleiben. Soll er sich doch allein sein Frühstück machen. In bald fünfzig Jahren *einmal*, ist das zuviel verlangt? Jetzt rauscht es über uns. Von den Erdücks war eins auf dem Klo. *Sie* hat es auch nicht leicht, drei Kinder, und der Mann auf und davon. Aber immer freundlich die Frau, und die Kinder wie aus dem Ei gepellt. Was die wohl Weihnachten machen? . . . Ich werde sie morgen zu Mittag einladen. Mein Gott, das ist überhaupt *die* Idee! Ein Glas Rotkraut mehr, ein paar Klöße mehr, das ist doch nicht die Welt. Aber was wird *er* dazu sagen? Na, was wird schon sein, schlimmstenfalls mault er ein paar Tage. Die werden doch wohl kommen, wenn ich sie frage? Hätt ich bloß eher daran gedacht, jetzt kommt sich die Frau vielleicht wie ein Lückenbüßer vor. Ich tu's trotzdem, mal muß man ja einen Anfang machen. Ich werd dann besser zum Frühstück aufstehen. Vielleicht, wenn ich es ihm schonend beibringe. . .

Herbert Jäkel

Weihnachtskommando

Weihnacht 1945, wer erinnert sich schon noch gern daran.

Es war eine schwere Zeit, viel Leid und Elend, doch auch für viele wieder Hoffnung auf ein besseres Leben. Ich war damals gerade 17 und wurde als Kriegsgefangener von den

Russen im Herbst 1945 den Polen übergeben. So kam ich dann mit einem Transport nach Katowice in ein Arbeitslager der ehemaligen Ferdinandgrube. Hier mußten wir unter Tage arbeiten, was sehr schwer war, da die Verpflegung in den ersten Jahren sehr schlecht und knapp war. Oft gab es tagelang kein Brot, nur Sauerkrautsuppe (Kapusta) oder Graupen. Da ich mit der Jüngste im Lager war, wurde ich mit 19 Kameraden zur Nachtschicht eingesetzt, wir mußten mit den polnischen Kumpels die Transportanlagen für den nächsten Tag umbauen. Das war doch nicht so anstrengend wie eine ganze Schicht Kohle schaufeln.

Nun zu meiner eigentlichen Geschichte.

Daß Weihnachten war, merkten wir nur daran, daß nicht gearbeitet wurde und wir an beiden Feiertagen Brot bekamen. Doch schon am nächsten Morgen hieß es Vier-Mann-Kommando. Das waren immer irgendwelche Arbeiten, die zusätzlich zu der normalen Schicht verrichtet werden mußten. Ich war an der Reihe, und so trottete ich mit den anderen dreien zur Wache. Hier wartete schon ein Posten mit Gewehr und Handwagen auf uns. Wir sollten aus dem Zentralmagazin irgendwelche Sachen für die Lagerküche holen. Das Magazin lag in einem Vorort und ungefähr eine Stunde Fußmarsch von unserem Lager entfernt. Doch der Weg war umsonst, denn dort hatte man noch Feiertag. Solche Organisationsfehler waren wir schon gewohnt. Uns war das im Grunde egal, gleichgültig machten wir uns auf den Heimweg, immer die Hauptstraße entlang. Nur der Posten war damit nicht einverstanden und wies uns einen anderen Weg.

Als wir in eine Siedlung kamen, begrüßte unser Bewacher einen Bekannten, der uns seine Tabaksschachtel gab, wir sollten uns eine Zigarette drehen und warten. Kurz darauf kam ein kleines Mädchen aus einem Haus gegenüber und fragte den Posten etwas. Als dieser nickte, lief es zurück und kam mit einem Kuchenpaket wieder und gab es uns. Was sie sagte, konnte ich damals noch nicht verstehen. Ehe wir das richtig begriffen hatten, gingen wie auf ein Signal überall Türen und Fenster auf, und wir fingen, wie früher der Leierkastenmann, Päckchen mit Kuchen auf. Unser Handwagen war ganz schön gefüllt, als wir dann weiterzogen.

Es reichte für alle 20 Kumpels unserer Schicht.

Der einzige Kommentar des Postens: «Nun, Weg nix gutt?»

Dies ist ja nun schon lange her, doch an diese kleine Begebenheit, die für uns damals ein so großes Ereignis war, erinnere ich mich noch heute, als wenn es erst vor ein paar Tagen geschehen wäre.

Ingrid Horn

Bescherung auf dem Marktplatz

Der entsetzliche 2. Weltkrieg war im Mai 1945 gerade zu Ende gegangen, und es wurde Weihnachten. Weihnachten 1945. Ganz Deutschland lag in Schutt, Asche und Hoffnungslosigkeit; so auch die norddeutsche Kleinstadt, in der ich geboren wurde und bis dahin aufgewachsen war. Unser ausgebranntes Haus war so notdürftig wiederhergerichtet, daß meine Eltern und ich ein Zimmer unserer Wohnung bewohnen konnten, das heißt, in diesem Zimmer wurde gewohnt, geschlafen und das wenige, das man zugeteilt bekam, auch gekocht. Am Nachmittag dieses Heiligabends ging ich mit meiner Freundin zum Kindergottesdienst in die Kirche. Das war ein Fußweg von ungefähr 20 Minuten durch nachkriegsdunkle Straßen, noch voll von notdürftig beiseitegeräumten Trümmern. In der Kirche war es kalt, aber es brannten einige wenige Kerzen, und es wurden Weihnachtslieder gesungen. Obwohl wir wußten, daß es auch nicht die kleinste Weihnachtsüberraschung geben konnte, verließen wir in zaghafter Weihnachtsstimmung die Kirche. Draußen hatte es inzwischen geschneit, und der Schnee bedeckte barmherzig die arme geschundene Stadt; so auch den kleinen Marktplatz, über den unser Weg nach Hause führte. Seit Tagen hatte sich dort ein armseliger kleiner Weihnachtsmarkt niedergelassen. Zwei oder drei kleine Marktbuden, nur erhellt von nackten Glühbirnen, standen um ein altes Kinderkarussell herum, das aber nun dunkel und verlassen schien. Da es mit keiner Plane abgedeckt war, stiegen wir beide auf ein großes, prächtig geschmücktes Holzpferd, ausgestattet mit richtigem Zaumzeug und Steigbügeln, das wie zum Sprung ansetzend auf der Plattform des Karussells angebracht war. Plötzlich erstrahlten einige bunte Glühbirnen am Karusselldach, die alte Jahrmarktsorgel fing an zu spielen, und das Karussell setzte sich langsam in Bewegung. Wir fielen vor Schreck fast vom Pferd, aber die Freude über diese unerwartete kostenlose Fahrt am Heiligabend bei Schneegestöber überwog. Und da bemerkten wir auch den Besitzer des Karussells, der uns mit dieser Gratisrunde offenbar eine Freude machen wollte. Wir bedankten uns bei dem alten Herrn und wollten gerade gehen, als neben uns ein englischer Jeep hielt mit zwei Besatzungssoldaten darin. Beide strahlten übers ganze Gesicht, sie hatten uns wohl beobachtet.

Vielleicht waren sie selbst Väter, oder sie hatten ganz einfach ein Herz für Kinder. Für uns unverständliches Englisch sprechend, drückten sie jedem von uns 2 Tafeln Schokolade und 2 Dosen Fleisch in die Hand. Ehe wir uns richtig versahen, waren sie mit aufheulendem Motor verschwunden. Da standen wir zwei kleinen neunjährigen Mädchen nun auf dem dunklen Marktplatz und hatten einen Schatz im Arm, der damals ein kleines Vermögen wert war. Überglücklich und reich beschenkt liefen wir nach Haus.

Für mich wurde es noch ein richtiger Heiligabend – ein bescheidenes kleines Weihnachtsbäumchen schmückte unsere kleine Stube, ich aß nach vielen Jahren das erste Mal wieder Schokolade, und meine Mutter bereitete aus dem Dosenfleisch ein für damalige Verhältnisse köstliches Weihnachtsessen.

Elisabeth Borchers

Pussy, unser Christkind

Es war am 24. Dezember 1945.

Nach unserer Flucht aus Schlesien hatten meine kleine Tochter und ich Zuflucht gefunden in einer kleinen Baracke.

Es war sehr kalt, und der kleine Kanonenofen gab nicht viel Wärme ab, da ich nur noch etwas Holz hatte. Es war mir noch gelungen, meine letzten Kartoffeln halb gar zu dünsten, ehe er seine Heizkraft verlor. Wir hatten uns in einen alten Militärmantel gewickelt und aßen mit klammen Fingern unsere halbrohen Erdäpfel. Da sagte meine Tochter: «Ich mag das nicht mehr!» und legte den Rest beiseite. Als Trostpflaster zauberte ich noch eine aufgesparte Scheibe Brot hervor.

Da wir keinen elektrischen Strom hatten und nur noch eine Kerze besaßen, saßen wir im Finstern und schauten durchs Fenster, nachdem wir ein Guckloch ins gefrorene Glas gekratzt hatten. Wir entdeckten einen besonders hellen Stern. War es der Stern von Bethlehem? Und dann erzählte ich die Weihnachtsgeschichte, die früher meine Mutter immer vorgelesen hatte. Mich hat sie, wenn ich sie später meinen Kindern vorlas, nie mehr so berührt wie damals, als wir froren und hungerten. «... und wickelten das Kindlein in eine Windel und legten es in eine Krippe mit Stroh», erzählte ich, als wir draußen ein jämmerliches Schreien und Wimmern hörten. Es klang schmerzvoll, und wir waren erschrocken. Im

Weidezaun einer nahe liegenden Schafweide hatte sich eine junge Katze verfangen, die vergeblich versuchte, sich zu befreien. Bei meinen Rettungsversuchen kratzte und biß sie mich, aber es gelang mir, ihr zu helfen. Wir bereiteten ihr in einem Karton, gefüllt mit Stroh aus unserem Bettstrohsack, ein Lager, und nachdem sie gierig den Kartoffelrest gefressen hatte, schlief sie erschöpft ein.

«Nun haben wir auch ein Christkind!» sagte meine Tochter glücklich.

Eine Nachbarin, die auch nichts hatte, brachte uns noch einen Eimer mit Kohlen und eine selbstgebastelte Puppe. Es waren zwar nicht die Heiligen Drei Könige, die uns Geschenke brachten, aber es wurde eine frohe Weihnacht.

Hildegard Kahlert

Ein Ruß-Gockel
zur Friedensweihnacht

Das Ofenrohr war unheimlich lang und zog sich an der Zimmerdecke bis zum Fenster hin. Das Hähnchen in der Bratpfanne auf dem kleinen Kanonenofen war unheimlich klein und hatte meine Mutter doch zwei Rollen Nähseide, 40 Stecknadeln und zwei mit Früchten bemalte Teller gekostet.

Weihnachten 1945. Mit verklärtem Blick sprachen die Erwachsenen von der ersten «Friedensweihnacht», und ich, ein kleines zehnjähriges Mädchen, wußte nicht, was ich mir darunter vorstellen sollte.

Daß ich auch zur «Friedensweihnacht» unter dem Tannenbaum vergeblich nach den langersehnten Rollschuhen mit Kugellager suchte, hatte mich enttäuscht. Dafür entschädigte mich abends ein Gang durch die Straßen meiner zerstörten

Heimatstadt, denn überall konnte ich hellerleuchtete Fenster und Straßenlaternen ohne Verdunklung sehen, was mir wie ein richtiges Weihnachtswunder vorkam.

Meine Mutter hatte es geschafft, eine gemütliche Weihnachtsstube zu zaubern. Der Ofen erwärmte den einzigen, provisorisch hergerichteten Raum unseres Hauses und ließ uns vergessen, daß durch die anderen Zimmer nebenan der Winterwind blies. Vierhändig spielte ich mit meiner Mutter Weihnachtslieder auf einem Klavier, das kürzlich noch im ausgebombten Nachbarhaus im Freien gestanden hatte und jetzt bei uns überwintern sollte.

Die Wärme, der Duft des Weihnachtsbratens und die Gewißheit, heute nacht würde es keinen Alarm geben, waren unglaublich angenehm. Das war also «Friedensweihnacht»!

Da – ein ohrenbetäubender Krach und plötzliche Dunkelheit: «Bomben!» – war mein erster Gedanke! Doch dann blieb es ruhig, und allmählich sah ich auch die Kerzen wieder aufblitzen. «Jetzt ist das Ofenrohr runtergekommen!» stöhnte meine Mutter und blickte stumm auf die völlig verschmutzten Betten, den Teppich und den rauchenden Ofen. Als ihr Blick dann unseren unter einer Rußschicht begrabenen teuren Weihnachtsbraten traf, war das einfach zuviel für sie. Sie, die in allen gefährlichen Situationen immer gefaßt geblieben war, anderen Mut gemacht hatte und sogar die traurige Tatsache, daß wir seit einem halben Jahr nichts von meinem Vater und meinen Brüdern gehört hatten, ohne Tränen ertragen hatte, sie verlor beim Anblick des verdreckten Gockels völlig die Nerven.

Ich war zunächst ganz hilflos und dachte nur immer: «Und das sollte doch eine ‹Friedensweihnacht› werden!» Dann aber wurde ich aktiv: Ich nahm den Ruß-Gockel aus der Pfanne, steckte ihn in unseren Wassereimer, trocknete ihn mit dem Geschirrtuch ab und legte ihn in einen sauberen Topf. Meine Mutter war ganz gerührt, als ich ihr den Braten, der ‹fast wie neu› war, präsentierte. Ihre Tränen versiegten, sie lächelte schon wieder, und wir machten uns gemeinsam an die Auf-räumungsarbeiten. Das Rohr wurde wieder in die Draht-schlingen an der Decke geschoben und der Ruß aus dem Fen-ster auf den weißen Schnee geschüttelt. Fast hätte der Tele-grammbote, der zu uns wollte, eine Rußladung auf den Kopf bekommen...

«Bin entlassen – komme bald – Freude groß – VATER» lasen wir, und als wir uns selig ansahen, da merkten wir, daß unsere Freudentränen weiße Kanäle in die Rußschicht auf un-serem Gesicht gezogen hatten. Wir lachten, weinten und tanzten um den Weihnachtsbaum, an dessen obersten Ast wir die frohe Botschaft von der Heimkehr meines Vaters befe-stigt hatten.

Nun war es doch noch eine «Friedensweihnacht» geworden.

Wim van Musscher

Die letzte Schulstunde

Diese wahre Begebenheit liegt nun schon bald 40 Jahre zu-rück, und es wird deshalb auch nicht mehr viele Menschen geben, die sich noch an die Geschehnisse erinnern, und so kann ich mit Recht meine Erzählung mit den Worten begin-nen:

ES WAR EINMAL, es war zu der Zeit, da man als ent-lassener Kriegsgefangener noch einer Zuzugsgenehmigung bedurfte, wenn man zu seiner eigenen Familie zurückkehren wollte. Die Ethik hing noch reichlich schief im Rahmen, und die Kunst ließ sich am liebsten in Naturalien bezahlen. Dafür blühte aber der schwarze Markt in allen Farben, und wer über das berühmte Vitamin B (Beziehungen) verfügte, konnte von der Heftzwecke bis zur Lokomotive alles haben.

In dieser wahrhaft turbulenten Zeit lief mir «Zimmi» über den Weg. Man würde maßlos übertreiben, wenn man behauptete, er wäre auf unserer Penne ein Musterschüler gewesen. Wenn irgendwo etwas schräg war, dann hatte Zimmi auf keinen Fall abseits gespielt. Er hatte aber das beneidenswerte Talent, immer auf die Füße zu fallen, und nach der Begrüßung zu urteilen, hatte er auch diesmal seine Fähigkeiten erfolgreich eingesetzt. Sein fröhliches «Hello, old Boy! Bist du es oder bist du es nicht?» gab auch sofort die Quelle seiner Zufriedenheit preis. Er war, wie sich im Laufe des Gesprächs herausstellte, «beim Ami» gelandet und kam so gut über den Winter.

Nachdem wir uns ausgiebig versichert hatten, wie sehr es uns freue, die «Siege» alle überlebt zu haben, überraschte er mich mit der Mitteilung, daß noch sechs weitere Klassenkameraden davongekommen waren. Dank seiner Vitalität hatte auch schon ein Klassentreffen stattgefunden, und es war beschlossen worden, «Heinrich I.» einen Besuch abzustatten.

«Heinrich I.» war unser alter Klassenlehrer, wegen seiner Strenge der Schrecken der gesamten Penne. Von unserem 4. Schuljahr an bis zur Entlassung hatte er unseren Lebensweg begleitet und sich redliche Mühe gegeben, anständige Burschen aus uns zu machen. Nachdem wir ihn als «Häuptling» respektiert hatten, war er uns immer mehr ein Vater geworden, der seine Jungs auch gegen andere Lehrer zu verteidigen wußte. So war es auch kein Wunder, daß unsere Klasse fast einen Glorienschein bekam. Und nur so ist es zu verstehen, daß ausgerechnet Zimmi der Initiator zu dem Überfall auf unseren alten Häuptling wurde, der nun als Ausgedienter, der Zeit gehorchend, noch als Leiter einer größeren Dorfschule tätig war.

Es gab sogar schon eine Busverbindung nach dort, und so fanden wir uns zur vereinbarten Zeit an der Bushaltestelle ein. Zwanzig Jahre sind eine lange Zeit, und aus Kindern waren inzwischen Männer geworden, deren Gesichter von Krieg und Entbehrungen gezeichnet waren. Da stand ich nun und machte mich mit dem traurigen Rest von 27 Mitschülern vertraut :

Zimmi – die alte Tomate (weil immer etwas faul bei ihm war), ein Hans Dampf in allen Gassen –, jetzt ganz auf Lebemann, dank seiner Anstellung beim Amerikaner.

Torz – unser Paganini und Mädchenbetörer. Nach unserer damaligen Auffassung ein großer Geiger vor dem Herrn. Seltsamerweise noch immer Junggeselle und jetzt Versicherungskaufmann. Für mich erstaunlich, daß es so etwas schon gab.

Walter – der Träumer, jetzt Fuhrunternehmer für alles, was sich bewegen ließ.

Willy – damals schon unser Athlet, jetzt Tallyman im Hafen und darum auch recht wohlgenährt.

Babsy – unser Piratenkapitän. Er hatte während unserer Schulzeit immer einen alten Fischerkahn für uns zur Verfügung, jetzt arbeitsloser Offizier der Kriegsmarine.

Klaus – unser langer Lulatsch und daher bei jedem Ballspiel unser Mannschaftsspielführer.

Theo – unser Fußballspieler. Also, wenn es damals schon eine Bundesliga gegeben hätte, wäre er bestimmt ein Star geworden. Nun aber war er Fahrdienstleiter bei besagter Vorortbahn.

Er war der einzige, der aus dienstlichen Gründen an unserem Überfall nicht teilnehmen konnte, aber dafür hatte er uns die Plätze reserviert.

Es war ein Tag vor dem letzten Advent, und der Schnee rieselte seit Stunden in dicken, großen Flocken, so, als wolle der Himmel uns davon überzeugen, daß es auch noch Dinge im Überfluß gab.

Nach unserer Ankunft bahnten wir uns mühsam unseren Weg. Das Schulhaus war bald gefunden, und wir hatten uns unterwegs bereits einen Plan für die Überraschung ausgedacht. Danach blieben vorerst alle anderen in Deckung, und nur Zimmi und ich setzten den Türdrücker in Bewegung.

Bald darauf stand er vor uns, und ein komisches Gefühl kam in mir hoch. Auch er war ja schließlich 20 Jahre älter geworden. Sein Haar war inzwischen weiß, aber seine Haltung nach wie vor achtunggebietend. Sein «Guten Tag, meine Herren» ließ meine wohlgesetzte Rolle fast zum Teufel gehen.

«Guten Tag –, Herr Wefing?»

«Ja, der bin ich. Was kann ich für Sie tun?»

«Wir kommen auf Ihre Anzeige im Kurier wegen der Geige, die Sie verkaufen wollen.»

«Das muß ein Irrtum sein. Ich habe gar keine Geige zu verkaufen.»

«Ja, aber Sie haben doch annonciert!»

«Ich weiß von keiner Anzeige. Wann soll denn das gewesen sein?»

«Heute!»

«Einen Augenblick, meine Herren. Ich hole sofort die Zeitung.»

Kurze Zeit später erschien er wieder und drückte mir die Zeitung in die Hand, damit ich ihm die Anzeige zeigen könne. Ich schlug wahllos den Anzeigenteil auf, hielt meinen Zeigefinger auf irgendeine Anzeige und las laut vor: «Gut erhaltene Meistergeige preisgünstig abzugeben . . .» usw. usw.

Seine Augen wurden immer größer. Voller Staunen nahm er mir die Zeitung wieder aus der Hand und schaute auf die angegebene Stelle. Dann sah er mich an, und ein Erkennen ging über seine Züge. Er ergriff mein Ohrläppchen und sagte zu mir: «Wim, du alter Gauner, schämst du dich nicht, deinen alten Lehrer so hinters Licht zu führen?», und dann schaute er meinen Begleiter an und sagte mit altgewohnter Strenge im Ton: «Natürlich, der Zimmermann muß auch wieder dabeisein. Ihr Schlingel, ihr!», und dann schloß er uns gerührt in seine Arme. Zimmi ging darauf zur Tür, öffnete sie weit, und herein stolzierte der Rest mit einem Blumenstrauß bewaffnet, den Zimmi mit amerikanischen Zigaretten organisiert hatte.

Er kannte uns alle noch, und über die Kriegsgeschehnisse hinweg hatte er die Namen nicht vergessen. Auf unsere Bitte hin führte er uns in ein Klassenzimmer, und wir nahmen in den viel zu kleinen Bänken Platz. In der Ecke stand ein mager geschmückter Weihnachtsbaum, der in uns alte Erinnerungen an einen überreich behangenen Stammesgenossen wachrief, der früher unsere Klasse in der Vorweihnachtszeit zierte.

Kein Wunder, daß jeder seine Geschichte zum besten geben mußte. Als er unser kleines Häuflein überblickte, lag eine stumme Frage in seinen Augen, und unter dem Vorwand, uns seiner Frau vorstellen zu wollen, verließ er schnell den Raum. Wir haben noch eine ganze Weile mit diesem prächtigen Menschen und seiner lieben Frau zusammengesessen, und alte, längst vergessen geglaubte Schulstreiche wurden wieder lebendig.

Als die Stunde des Abschieds kam, gingen wir mit dem festen Versprechen, einmal wiederzukommen. Wir haben dieses Versprechen nicht mehr einlösen können. Kurze Zeit nach unserem Besuch hat er die Schule des Lebens für immer verlassen. Guter alter Häuptling, wir danken dir! Auch unser Band ist seit dieser Zeit zerrissen. Inzwischen sind wieder über 40 Jahre ins Land gezogen, und vielleicht sind wir jetzt nur noch zwei oder drei?

Und wieder ist Adventszeit, und die Erinnerung an diese – unsere letzte – Schulstunde ist so gegenwärtig, als sei es gestern gewesen. Und wo ihr auch seid, ich wünsche euch von ganzem Herzen Glück und Frieden in Erinnerung an unsere Jugend, die uns viele schöne, aber auch schwere Stunden beschert hat.

Die Ferntrauung

Noch bevor der Sommer begann, begann mein Glück.

Der Sommer war besonders schön in diesem Jahr, aber viel zu kurz. Mein Glück war auch besonders schön und, leider, viel zu kurz. Hans hatte Urlaub, Fronturlaub.

«Bist du glücklich?» fragte er mich und nahm mich zärtlich in seinen Arm. Ich nickte. «Nur», ergänzte ich zögernd und wurde dabei rot, «ich wär so gerne deine Frau.»

Einen Augenblick schwiegen wir beide.

«Dieser verdammte Krieg», sagte Hans dann, «wenn er doch nur schon vorbei wäre, dieser verdammte Krieg. Wer weiß, was da noch alles auf uns zukommt. Besser ist es, wir heiraten, wenn der Krieg zu Ende ist, lange kann es ja nicht mehr dauern, dann heiraten wir.» Er sah in meine Augen und war ganz ernst. «Vor dem Herrgott bist du ja schon meine Frau, und vor den Menschen wirst du es bestimmt, sobald ich zurückkomme.»

Ich kuschelte mich in seine Arme und war glücklich.

Die Tage vergingen. Wunderschöne, viel zu kurze Tage.

Nun war ich wieder allein.

Besonders gut fühlte ich mich nicht, darum ging ich auch eines Tages zu unserem guten, alten Doktor. «Ja, Mädchen», sagte er, «wir werden Mama.» Kaum konnte ich es glauben, doch dann freute ich mich.

Briefe an die Front gingen hin und kamen her. «Dann machen wir eine Kriegstrauung», schrieb Hans, «damit das Kind meinen Namen hat, und ich freue mich auf unser Kind», so schrieb er in jedem Brief.

Und dann saß ich da, mit zwei Trauzeugen in einem kahlen Raum, meine Hochzeit hatte ich mir ganz anders vorgestellt.

Der Standesbeamte schob mir einen Bogen hin, ich un-

terschrieb mit meinem neuen Namen und war nun Hans'
Frau.

Die Zeit verging.

Ich strickte, ich häkelte in Grün und Weiß, Mützen, Höschen, Jäckchen, und ich schrieb Briefe an die Front, täglich.

Und sooft Hans Zeit hatte, schrieb er zurück, und immer
schrieb er, wie sehr er sich auf das Kind freute.

Dann kamen eines Tages zwei Männer, der Herr Bürgermeister und der Herr Pastor, auf unseren Hof.

Sie brauchten nichts zu sagen, kein Wort, ich wußte auch
so, daß Hans gefallen war, tot.

Und in mir war nun auch alles tot.

Ich weinte nicht, ich sagte nichts, ich fühlte nichts.

Alle meine Lieben waren gut zu mir, liebevoll, mir war
alles egal, wie eine Marionette bewegte ich mich, steckte
wahllos Essen in mich hinein und wurde immer runder.

Das Kind in mir bewegte sich, aber fühlen tat ich dabei
nichts. Täglich stand ich am Fenster und wartete auf den
Briefträger, aber er ging immer vorbei.

«Heute ist nun Heiligabend», sagte Mutter, «willst du
nicht die kleine Tanne mit Kerzen und Kugeln ausputzen?»
Ich schüttelte den Kopf, zog meinen Mantel an, der obere
Knopf ging nur noch zu, so rund war ich inzwischen geworden, band mein Kopftuch um und ging nach draußen. Hoher
Schnee lag, ein kalter Wind ging.

Bis an den Waldrand wollte ich gehen.

Eine junge Frau kam mir entgegen, ganz in Schwarz. Sie
wohnte noch nicht lange hier bei uns im Ort, sie waren evakuiert, drei Kinder. Die beiden Kleinen hielten sie an der
Hand, ein etwas größerer Junge trug eine kleine Tanne.

Die Frau nickte mir freundlich zu. «Ihr Mann ist ja auch
gefallen», ging es mir durch den Sinn, «drei Kinder ohne Vater, und trotzdem holen sie eine Tanne, und trotzdem wird es
Weihnachten.»

Ein stechender Schmerz ging durch meinen Körper, er

schrocken legte ich beide Hände auf meinen Leib, und nach einer Weile wieder dieser Schmerz. Ich drehte um und ging den Weg zurück nach Haus.

«Mädchen», empfing mich Mutter, «wie siehst du denn aus?»

In der guten Stube war schon der eiserne Ofen angeheizt, der geschmückte Weihnachtsbaum stand in der Ecke.

Mein Bett wurde aufgestellt, denn oben in der Schlafkammer war es zu kalt. Unser guter, alter Doktor kam mit seiner großen Tasche.

Und dann ging alles glatt und schnell.

«Da haben wir ja ein richtiges Christkind», sagte er und legte mir etwas Warmes, Weiches in die Arme, an die Brust.

Und nun ganz plötzlich fühlte ich etwas.

Dieses Warme, Weiche in meinen Armen fing an zu weinen, und es waren so liebliche Töne.

«Mein schönstes Geschenk», mußte ich denken, «ein Geschenk meines Mannes oder ein Geschenk des Himmels?»

Mein kleiner Sohn. Zärtlich drückte ich ihn an mich, meinen kleinen Sohn. Und nun wußte ich plötzlich, daß ich leben mußte, stark sein mußte für diesen kleinen Sohn.

Jetzt sah ich auch den Weihnachtsbaum und die kleinen Jäckchen und Mützchen darunter.

Der Schein der Kerzen fiel auf ein Bild an der Wand, das Bild meines Mannes, und nun weinte ich, aber es war nicht nur Trauer oder Erlösung, es war auch Freude in mir, und in der Ferne hörte ich die Kirchenglocken läuten und dachte: «Frieden auf Erden.»

Mein schönstes Weihnachtserlebnis

1950, eine Zeit, in der es hier in Deutschland sehr, sehr viel Armut gab. Ich war gerade zehn Jahre alt, und auch wir waren nicht gerade begütert, aber immerhin, wir hatten unser Auskommen, meine Mutter, mein Bruder und ich.

Damals gab es in unserer Stadt eine Kaserne; sie wurde «Tausend-Mann-Kaserne» genannt, woher der Name kam, weiß ich bis heute nicht. Hier jedenfalls wohnten überwiegend die Ärmsten der Armen und auch Menschen, die es, aus welchen Gründen auch immer, in unsere Stadt verschlagen hatte, die entweder auf einen geeigneten Wohnraum warteten oder, alleinstehend, sich hier einigermaßen gemütlich eingerichtet hatten und bleiben wollten. Zu den letzteren gehörte auch ein Onkel von mir, es war nicht mein richtiger Onkel, aber damals wußte ich das noch nicht. Er war ein alter Seemann, und ich war oft bei ihm, denn er wußte spannendes Seemannsgarn zu spinnen und außerdem fand sich in seinem Schrank immer eine süße Leckerei, und die war damals sehr rar.

So kam es, daß ich mich mit einem gleichaltrigen Mädchen befreundete, die mit ihrer Mutter auf dem gleichen Flur wie mein Onkel wohnte. In welcher Armseligkeit diese beiden lebten, erschien mir schon damals fast unglaublich. Sie hatten nur einen Raum, in dem sich ihr Leben abspielte, und das Mädchen hatte in der kalten Winterzeit kaum warme Kleidung. Trotzdem waren die beiden der Inbegriff der Freundlichkeit, zwei herzensgute Menschen – jedenfalls habe ich es damals so empfunden.

Mein Onkel, der viel handwerkliches Geschick besaß, bastelte für Weihnachten immer die schönsten Sachen. Und zu diesen Weihnachten hatte er auch für das Mädchen eine wunderschöne Puppenstube gebaut. Wir beschlossen, da ich recht groß für mein Alter war, daß ich als Weihnachtsmann verkleidet die Bescherung übernehmen sollte, denn mein Onkel war sehr bescheiden und wollte nicht in Erscheinung treten.

Gesagt, getan. Am Heiligen Abend fand die große Verkleidung statt, natürlich nicht so professionell, wie das heutzutage der Fall ist, aber doch so, daß ich wahrhaftig nicht zu erkennen war. Ich bekam einen sauberen Kohlensack, in den außer der Puppenstube noch ein von meiner Mutter gestrickter Pullover und einige Lebensmittel und Süßigkeiten kamen.

Ich war sehr aufgeregt und wollte ja auf keinen Fall, daß ich erkannt würde. Wir lugten aus der Tür, die Luft war rein, und schon stapfte ich lautstark den Flur entlang, klopfte und stand auch schon bald im Zimmer.

Mutter und Tochter saßen bei einem kleinen, spärlich geschmückten Tannenbaum, und ich weiß noch, Bratäpfel lagen auf dem Herd; Geschenke waren keine da. Was ich sagte, weiß ich natürlich heute nicht mehr, aber es war nicht viel. Ich hatte zu große Angst, man könne mich an der Stimme erkennen.

Ich packte meinen Sack aus und verschwand recht schnell wieder.

Ich habe jedoch die Reaktion der beiden bis heute nicht vergessen; die Tränen, die über das Gesicht der Mutter liefen, und die Augen des Mädchens, voller Staunen, Freude und Fassungslosigkeit, ich kann es kaum ausdrücken.

Sie hatten mich übrigens beide unter dem Einfluß der Überraschung nicht erkannt und erfuhren nie, wer ihnen diese Freude beschert hatte.

Ich habe natürlich noch viele wunderbare Weihnachtsfeste erlebt, dieses jedoch war in meinem bisherigen Leben das eindrucksvollste.

Nur ein Licht

Es lag eine ungewöhnlich milde Witterung in den Dezember-
tagen des Jahres 1944 über dem westlichen Rußland, dem
Teil der Sowjetunion, der auch Bjelo-(Weiß-)rußland genannt wurde. Das weiße Rußland, das für uns Soldaten der
östlichen Mittelfront im Sommer 1944 zum Schicksal geworden war. Tausende hatten das Los der Gefangenschaft auf
sich nehmen müssen. Namen wie Bobruisk, Mogilew und
Witebsk wurden zum Fanal des sowjetischen Sieges und zur
schmerzlich-ahnungsvollen Gewißheit eines unabwendba-
ren Untergangs des eigenen Vaterlandes.

Wir waren in einem Lager unweit von Minsk. Wir, das
waren damals etwa 8000 deutsche Kriegsgefangene, Insassen
des sogenannten Waldlagers nahe der bjelorussischen Lan-
deshauptstadt. Nur wenige von uns dachten in diesen Ad-
ventwochen an das bevorstehende Weihnachtsfest. Kaum
einem stand der Sinn nach vorweihnachtlichen Gedanken.
Der Inhalt unseres Gefangenendaseins hieß Hunger. Seit Tagen gab es nur noch gekürzte Brotrationen und dünne Sup-
pen. Bis auf wenige, die im Lagerbereich tätig waren, ging
keiner zur Arbeit. Der Einsatz der Gefangenen war noch
nicht organisiert. Die Sowjets hatten in diesen Wochen andere Probleme und Sorgen.

Das war die große Zeit der Träumer, die tagaus, tagein auf
den Holzpritschen lagen und in einer Art apathischen Halb-
schlafs dahindämmerten. Die Ok-Baracken – dort hausten
die körperlich völlig Heruntergekommenen, die Kameraden
«ohne Kraft» – waren seit langem überfüllt, und im Lagerho-
spital, einem alles überragenden Steinbau, lagen zeitweise
fünf Kranke in zwei Betten. Das war auch die Zeit der ewigen
Köche und Bäcker, die in Gedanken und Erzählungen die

herrlichsten Speisen servierten und phantastische Menüs zusammenstellten.

So gingen wir der Weihnacht des Jahres 1944 entgegen. Die Hoffnung, unsere Lage könne sich bessern, schwand dahin.

Am Tag vor Weihnachten gab es Machorka; fünf Gramm für jeden Tag; für zehn Tage ein Päckchen. Papier zum Drehen war auch da. Jemand brachte sogar eine «Prawda», sie war besonders gut. Besser aber war der Tabak; er betäubte den Hunger und betrog den Magen. Das war wichtig, denn das Brot blieb weiter aus.

Am Morgen des 24. Dezember erhielt jeder nur 200 Gramm Brot, nasses Brot. Dazu einen dreiviertel Liter wässerige Suppe. Die Stimmung der Landser hatte ihren absoluten Tiefpunkt erreicht. Pessimisten und Schwarzseher sollten offenbar recht behalten.

Als an diesem Tag die Dunkelheit hereinbrach und die Abendsuppe mehr getrunken als gelöffelt war, hatten wir nur noch das Bedürfnis, uns so schnell wie möglich, jeder auf seinem Pritschenstück, unter dem Mantel zu verkriechen. Nur ein paar meinten es anders. Sie wollten die Weihnacht trotz allem nicht gedankenlos vorübergehen lassen. Darum stiegen zwei von ihnen – versehen mit einem alten, arg verkommenen «Fuchsschwanz» – über den inneren Zaun. Sie erreichten unbemerkt den nahen Lagerwald. Es war mühsam, mit den Holzpantinen die mächtige, naßkalte Fichte zu erklettern. Die kleine Säge, an einem dünnen Strick um den Hals befestigt, erschwerte das Vorhaben. Aber schließlich schaffte es der Junge. Er hatte einen Baum mit zwei Spitzen gesucht. Eine davon mußte fallen. Sie zerrten die Baumspitze über den Draht in die spärlich erhellte Baracke. Dort ließ die Wirkung eines grünen Tannenbaums nicht lange auf sich warten. Aus allen Ecken tauchten plötzlich Gesichter auf, und es dauerte nur kurze Zeit, bis auf dem selbstgezimmerten Barackentisch ein an die zwei Meter hoher Weihnachtsbaum stand. Zwei aus leeren Konservenbüchsen gebastelte Ölfunzeln an seinem Fuß gaben ihm einen Hauch von Festlichkeit. Zahlreiche kräftige Tannenzapfen waren sein natürlicher Schmuck. Und als dann der Barackenälteste mit einer brennenden Kerze in den Raum trat und sie an den Baum heftete, da schien die Weihnacht doch zu uns gekommen zu sein.

Die Landser hoben die Köpfe. Sie richteten sich von ihren hölzernen Lagerstätten auf und starrten in den Glanz des Lichtes. Ein Alter sprach das Gebet vom täglichen Brot und von der Schuld und von der Vergebung. Die meisten schienen solches lange nicht mehr gehört zu haben. Einige falteten verstohlen die Hände. Einer fing zu singen an. Andere stimmten ein. Erst zögernd, dann stärker, lauter: Stille Nacht, Heilige Nacht! Es klang traurig und wehmütig und freudvoll, beglückend zugleich. Schien doch dieser Augenblick alle der Wirklichkeit zu entrücken. Sie waren daheim. – Plötzlich zerrissen vom Barackenflur her laute Schritte diese Träume. Das Singen wurde zaghafter, leiser, brach ab. Mitten unter uns, in dem breiten Barackengang, stand der russische Wachoffizier, umgeben von einem Haufen Soldaten. In barschem Kommandoton gab der Offizier zu verstehen, daß so etwas – er zeigte dabei auf unsern Baum – nicht sein dürfe in der Sowjetunion. Er befahl seinen Männern, den Weihnachtsbaum zu entfernen. Die Rotarmisten griffen zu. Eine Ölfunzel fiel blechern auf den Boden. Ein Soldat faßte nach der einzigen Kerze. Der Baum wurde hinausgetragen. Der Rotarmist mit dem Licht in der Hand folgte seinem Offizier. Die Tür des Barackenraums fiel ins Schloß. Es war fast dunkel in dem Raum. Leises Gemurmel auf den Pritschen. Hier und da ein derber Landserfluch. Die Weihnacht schien vorüber. – In eben diesem Augenblick mußte es einem Wunder gleichen, als die Barackentür erneut geöffnet wurde. Wir trauten unseren Augen nicht. Der Rotarmist mit der Kerze stand mitten unter uns. Er hatte seine Mütze abgenommen. Das Licht in seiner großen Hand brannte. Der klägliche

Glanz des Kerzenscheins erhellte sein breites Gesicht und gab ihm ein friedvolles Aussehen. Der Soldat lächelte und ging zu dem Tisch, auf dem vorher der Weihnachtsbaum gestanden hatte. Behutsamer als man es seinen groben Händen zutrauen konnte, stellte er dort das Licht ab und verschwand, fast nicht mehr bemerkt. Das war das Wunder jener Nacht am 24. Dezember 1944.

Marlies Busse

Der Kaiserstraßen-Baum

So um die 20 herum sieht man das alles etwas lockerer.

Bevorstehende Feiertage? Volle Einkaufstaschen, Weihnachtsbäume schleppen, trautes Heim, Völlerei... doch nicht wir! Etwas für Familien, und denen glaubten wir gerade entronnen zu sein, sehr mit uns selbst beschäftigt, die erste gemeinsame Wohnung – und das ohne Trauschein! In den sechziger Jahren noch etwas ungewöhnlich.

Unser Hauswirt, ein bescheidener kleiner Mann (auch das gab es damals), der verlegen die Mütze in der Hand drehte und meinen öffnenden Partner fragte: «Kann ich Ihre Dame sprechen?», weil er nicht wußte, wie er mich anreden sollte. Seine runde Frau, die mir zeigte, wie man eine Treppe richtig wischt – sie auf den obersten Stufen, ich am Treppenansatz, dem Anblick ihrer lachsfarbenen, bis zu den Kniekehlen reichenden Baumwollunterhosen unter einer kurzen gemusterten Kittelschürze ausgeliefert.

Weihnachten war etwas für die da mit ihren gestickten Kissen mit dem Klaps in der Mitte.

Die Wohnung in Ordnung, schon deshalb, weil wir dort zusammensein konnten, die Stadt Frankfurt interessant und unsere gemeinsame Arbeit am Flughafen nicht minder. Viele Menschen, Reisen, Abwechslung, eine kurzweilige Zeit.

Und heute sollte schon Heiligabend sein? Den hatten wir so bald nicht erwartet, vergessen über unserem Spätdienst, wurden dann von einem Weihnachtsmann überrascht, der am Flughafen umherlief und bunte Tüten aus einem großen Sack verteilte. Da standen wir nun mit unseren glänzenden Päckchen, selbst der Flugverkehr erlag dem Zauber eines Heiligen Abends, es gab nichts mehr zu tun. Zeit, nach Hause zu gehen.

Zu fahren, mit dem Bus durchs abendliche Frankfurt. Und überall Weihnachtsbäume, Weihnachtsbäume stachen ins Auge, schlugen ins Gesicht, bis wir wußten, daß auch wir gerne einen Baum zu Hause gehabt hätten, doch es war spät, aussichtslos, jetzt noch irgendwo einen zu besorgen, zu spät, zu spät...

So still, schneelos und windig die Stadt. Umsteigen am Hauptbahnhof. Selbst dort niemand mehr unterwegs. Mit der Straßenbahn nach Oberrad. Durch die Kaiserstraße. Keine Mädchen in den Hauseingängen, die Kinoreklamen überglänzt von Leuchtsternen, verschämtes rotes Licht hinter Weihnachtsgirlanden.

Fröstelnd nach dem überheizten Bus, hingen wir unseren Gedanken nach, standen wartend an der Haltestelle.

Was war das? Wir fuhren aus den Mantelkragen. Auf der gegenüberliegenden Straßenseite bog eine Gruppe ‹Lederjakken› grölend, saufend um die Ecke, die Schnapsflaschen wie Keulen schwingend, einer von ihnen zerrte triumphierend an einem irgendwo geklauten Weihnachtsbaum, den sie gemeinsam rollten, stießen und schoben. Fluchend und schreiend gaben sie ihm schließlich noch einige Fußtritte und ließen ihn auf unserer Höhe liegen, verschwanden so plötzlich, wie sie gekommen waren, und die Kaiserstraße war wieder wie ausgestorben.

Wir liefen über die Straße, betrachteten die frisch geschlagene Fichte, einen schönen, über zwei Meter langen Baum, der nur wenige Blessuren von der rüden Behandlung aufwies. Unser Baum! Doch wie ihn fortschaffen? Er paßte durch keine Straßenbahntür. Weit ausladende Zweige. Kurz entschlossen nahmen wir Hosen- und Mantelgürtel ab, bändigten ihn halbwegs, da war die Bahn, wir hetzten hinüber, die einzigen Fahrgäste. Nur wir, mit harzig verklebten, zerstochenen Händen und der Baum, unerwartetes Weihnachtsgeschenk. Unsere Aufgeräumtheit übertrug sich auf den Fahrer, der große Baum mußte für seine erste Straßenbahnfahrt nicht zahlen. Dann schöne Weihnachten!

Wie gut, daß wir nicht einen dieser Neubauten mit den niedrigen Zimmerdecken bewohnten. Es fanden sich Kerzen und rote Bänder, mit denen wir die Wunden unseres Baumes verbanden. Er richtete sich gerade auf unter unseren Händen, erfüllte das Zimmer mit seinem würzigen Duft, seinen warmen Farben.

Weihnachten wurde lebendiger, ‹runder› durch ihn, ich hatte seine Geste verstanden, sich uns vor die Füße zu werfen, seine Aufforderung, eine schöne alte Tradition fortzusetzen und nicht ausschließlich in den Tag hinein zu leben.

Nie wieder vergaßen wir, einen Weihnachtsbaum zu kaufen. Es sind viele schöne darunter gewesen. Aber jener eine, dieser unverhofft uns ‹zugelaufene›, verletzte war der Schönste, der Unvergessene. Das Zeichen, sich in der Hektik des Alltags auf die alten Bräuche zu besinnen. Für uns ist er ein liebgewordenes Weihnachtssymbol – bis heute!

Rüdiger Conrad

Hühner und Marzipan

Es war im Jahr 1954. Als Flüchtlinge waren wir wohl aus dem Hungerstadium heraus, aber durch den in der damaligen Zeit nicht unbedingt benötigten Beruf meines Vaters, eines selbständigen Fotografenmeisters, mußte immer noch an allen Ecken und Kanten gespart werden, kurzum – Weihnachtsgeschenke waren nicht drin.

Aber irgend etwas sollte es doch sein, und meine Mutter hatte immer gesagt: «Zu essen muß genug da sein», also kamen wir vier, ich habe noch eine ältere Schwester, auf die Idee, uns etwas schönes Eßbares zu schenken.

Da mein Vater auch auf dem Land tätig war – er fotografierte die Bauernhochzeiten –, bot ihm kurz vor Weihnachten ein Bauer billig ausgediente Legehennen an. Dieses Angebot nahm mein Vater voll Freude sofort an, eine wunderbare Weihnachtsüberraschung, denn Geflügelmahlzeiten waren uns Kindern damals noch eine seltene Spezialität.

Heimlich, unter größtem Ehrenwort zu schweigen, erzählte er Mutter von seinem tollen Kauf.

Da ich mit 13 Jahren im sogenannten Freßalter war und wir alle viel nachzuholen hatten, beschlossen meine Eltern, zwei Hühner zu kaufen. Fünf und sieben Pfund wogen sie; ich nahm sie auch einmal in den Arm, «wie kleine Babies», sagte ich. Überglücklich bestellte mein Vater auch gleich noch für zwei Freunde Hühner, nachdem er ihnen von diesem einmaligen Angebot berichtet hatte, und suchte zwei Riesenhennen aus.

Einige Tage vor Weihnachten erfuhr mein Vater, daß sein Freund sein bestelltes Huhn nicht mehr abnehmen wollte. Da Oma und Tante Irmi zu Besuch kommen wollten, hatte mein Vater kurzerhand sein Huhn gekauft, sieben Pfund wog es.

Am 23. Dezember kam er dann, zum Schrecken meiner Mutter, mit noch einem ‹Hühnerbaby› im Arm an – der Hausmeister einer Schule, dem er ein Huhn versprochen hatte, wollte plötzlich nicht mehr, und so hatten wir das vierte Tier mit neun Pfund, insgesamt also ein Weihnachtsessen von 28 Pfund Huhn.

Meine Mutter wollte gleich zwei Hühner ins Kalte legen, aber einen Gefrierschrank hatten wir noch nicht, also mußten alle Hühner zubereitet werden, und ich hatte auch soviel Hunger. Den Kochgeruch der Zubereitung werde ich mein Leben lang nicht vergessen. Meine Mutter stand bereits ab sieben Uhr am Zwei-Ringe-Herd, und ich war der Heizer beim Nachschieben der Holzstücke.

Dann endlich saßen wir am Mittagstisch, und meine Mutter kam mit dem größten Tier, das sich weit über den Teller erstreckte. Sie ging aber noch mal, und ich bekam das mittelgroße Huhn ganz für mich allein. Es war ein unbeschreibliches Gelage. Erstmalig mußten wir uns im Kartoffelessen einschränken, völlig ungewohnt für uns, denn sonst hätten wir doch kaum etwas von diesen Riesen geschafft. Weitere Einzelheiten dieser Orgie will ich nicht erwähnen, jedoch haben wir uns nach dieser Mahlzeit bis zum Abend der Bescherung kaum vom Platz bewegt, und der Höhepunkt sollte erst noch kommen!

Der Heiligabend verläuft bei uns immer nach dem Prinzip: Singen, Lesen, Bescherung – und so geschah es auch diesmal. Endlich war es soweit. Ich durfte schenken, was mir viel mehr Spaß machte, als beschenkt zu werden. Auch Oma und Tante Irmi hatten sich uns angepaßt, keine sonstigen Geschenke, nur etwas Kleines zum Essen vielleicht.

Oma war als erste dran. Obligatorisch wie jedes Jahr nestelte sie aus einer großen Wehrmachtstasche für jeden ein Paket selbstgebackener Marzipankugeln heraus. Ich bin ein Marzipanfan, und für mich war das toll. Nun kam Tante Irmi an die Reihe. «Da ich nichts anderes wußte, schenke ich auch noch mal Marzipan», sagte sie und zog aus ihrer Tasche für jeden große und kleine Marzipanbrote heraus. Toll – soviel Süßes! Nun kam meine Mutter aus dem Nebenzimmer, sie druckste herum und meinte dann: «Also, nun liegt überall soviel Marzipan herum, aber ich weiß ja, daß ihr gerne so was eßt», und legte jedem ein Riesenbrot hin, meines war ein 2-Pfund-Brot. Es waren die größten, die ich sehnsuchtsvoll Wochen vorher im Schaufenster betrachtet hatte – es war einfach himmlisch. Ich bemerkte allerdings ein betretenes Gesicht meines Vaters: «Tja», sagte er etwas unsicher, «das habe ich nun wirklich nicht gewußt, aber ihr könnt euch vielleicht denken, was ich für euch habe.» – «Marzipan», schrien wir alle, und dann holte mein Vater für uns noch einmal Riesenbrote hinter seinem Rücken hervor.

Oma mußte sich nun erst mal setzen, Tante Irmi bekam einen Lachanfall, Mutti schmunzelte, und Vatis Augen kreisten immer wieder ungläubig über den Marzipantisch. Nur meine Schwester machte ein unwirsches Gesicht: «Was soll denn das, was soll ich denn da noch schenken?» bemerkte sie enttäuscht. «Marzipan», riefen wir aus vollem Mund. «Ja, was anderes habe ich auch nicht», antwortete sie und verteilte ausgesuchte, feinste Marzipanspezialitäten.

Es war eine tolle Stimmung unter allen, die schon geschenkt hatten, nur plötzlich war mir die Laune vergangen. «Mutti, ich weiß nicht, was ich schenken soll, ich habe nur...» – «Nichts sagen, schenk das, was du hast. Ich weiß, alle freuen sich darüber», unterbrach mich meine Mutter, die bereits wußte, was kam, und dann ließ ich meine vielen kleinen Marzipanbrote, die ich von meinen gesparten Groschen gekauft hatte, über den Tisch herabregnen.

Das Gelächter paßte eigentlich nicht zu einem besinnlichen deutschen Weihnachtsfest, aber das war uns jetzt ganz egal.

Bevor es aber ans Essen ging, wog ich mit meiner Schwester alles, und es wurden dann 21 Pfund Marzipan. Obwohl von den mittäglichen Hühnern noch der Bauch gefüllt war, griffen wir tüchtig zu; mein Vater biß in sein 2-Pfund-Brot wie in eine Brotscheibe hinein, und so konnte das Ganze denn auch nicht gutgehen, am nächsten Tag hingen wir apathisch in den Seilen – aber schön war's doch, es waren endlich einmal

fröhliche Weihnachten.

Wilfried Schulz

Das Weihnachtsgeschenk wider Willen

Obwohl es nun schon viele Jahre her ist, muß ich gerade in der Vorweihnachtszeit wieder an die kleine Geschichte von damals denken.

Es war der 23. Dezember und ich kam aus dem Büro. Seit Tagen schon hatte es geschneit, nicht viel, aber für die Kinder reichte es, um Schlitten fahren zu können. Als ich an jenem Tag aus dem Bürohaus trat, fielen dicke, weiße Flocken.

Noch angespannt von der Arbeit, öffnete ich etwas unmutig meinen Schirm und stapfte durch den mittlerweile dicken Schnee in Richtung Stadtmitte. Es dunkelte bereits, Kinder mit Schlitten, die wohl auf dem Weg nach Hause waren, zogen lachend an mir vorbei.

Erst jetzt mußte ich an meine eigene kleine Tochter denken, auch daran, daß ich immer noch kein Weihnachtsgeschenk für sie besorgt hatte.

Sie wünschte sich so sehr einen Hund. Aber aus welchen Gründen auch immer, meine Frau mochte ihr diesen Wunsch nicht erfüllen, und wenn ich ehrlich war, so hielt ich auch nichts davon.

Ich hatte jetzt die Stadtmitte erreicht. Weihnachtsbäume und Kerzen strahlten mir aus den Schaufenstern entgegen, und die Schneeflocken fielen auf Tausende von Glühbirnen der Weihnachtsbeleuchtung.

Eine eigentümlich besinnliche Atmosphäre ergriff mich, obwohl die Menschen durch die Straßen eilten, zum Teil bepackt mit Paketen und Geschenken, um den Bus noch zu erreichen. Es lag über allem eine Friedfertigkeit, eine innere Ruhe nahm auch mich in Besitz.

Der Geruch von Glühwein, gebrannten Mandeln und der süße Duft von frischen Waffeln lag in der Luft, als ich den Weihnachtsmarkt erreichte.

Ich wollte doch noch schnell ein Geschenk für meine Tochter kaufen.

Kein lebendes Tier, wie sie es sich wünschte, aber es gab ja auch so viele schöne Stofftiere. Das Schönste würde ich für sie aussuchen.

Mit viel Liebe wurden die Geschenke von den Eltern, von Omas und Opas für ihre Kinder und Enkel ausgesucht. Einem älteren Herrn, der sich für eine Eisenbahn entschieden hatte, konnte man ansehen, daß er in Gedanken schon mit seinem Enkelsohn spielte, gleichzeitig erfüllte er sich wohl einen eigenen Kindertraum.

Irgendwie hatte ich ein schlechtes Gewissen, denn trotz intensiven Suchens konnte ich mich doch für keines der vielen Tiere aus Stoff entscheiden. Ob sie nun auf Knopfdruck bellen oder laufen konnten, sie sahen mir alle zu unnatürlich aus. Über so etwas würde meine Karin sich nicht freuen. Ich fuhr ohne Geschenk nach Hause, aber mit dem Gedanken, meine Frau doch noch umzustimmen. Karin sollte ihren Hund bekommen.

Der Schneefall hatte zugenommen, und es war jetzt stockdunkel. Die Scheibenwischer konnten den vielen Schnee kaum bewältigen.

Weiße Weihnachten, der Traum aller Kinder und Erwachsenen, würde dieses Jahr in Erfüllung gehen. Plötzlich huschte ein kleiner, dunkler Schatten vor meinem Auto. Ich war so in

Gedanken, daß ich viel zu spät auf dem glatten Schnee brem-
sen konnte. Bis ich anhalten und aussteigen konnte, um zu
sehen, was geschehen war, mußte ich schon ein paar Schritte
zurückgehen.

Undeutlich sah ich im Schein einer entfernt stehenden
Straßenlampe eine kleine Katze liegen. Ich hatte sie nicht an-
gefahren. Es muß wohl der Schreck gewesen sein, der sie
zitternd am Straßenrand im Schnee kauern ließ.

Ich konnte das Tier beim besten Willen nicht hier im
Schnee liegenlassen und nahm sie mit ins Auto. Als das Tier
nach einer Weile zutraulich schnurrend seinen Kopf auf mein
Bein legte, kam mir eine Idee.

Der Heilige Abend kam, gleich sollte Bescherung sein. Ich
glaube, daß ich an diesem «Tag der Kinder» aufgeregter war
als Karin. Unter dem schön geschmückten Tannenbaum
sagte sie ein Gedicht auf und schielte dabei vor lauter Unge-
duld immer wieder zum festlichen Gabentisch hinüber.

Als sie dann alle ihre kleinen und großen Geschenke ausgepackt hatte, sah sie mich trotz der vielen Sachen eigentümlich
traurig an, sagte aber nichts. Ich verließ daraufhin kurz das
Wohnzimmer, um nach wenigen Minuten mit der kleinen
Katze auf dem Arm das Zimmer wieder zu betreten.

Karins Augen fingen an zu strahlen.

Sie nahm mir das Kätzchen ab. Dann drückte sie mich, und
an der Heftigkeit spürte ich, daß dies das schönste Weihnachtsgeschenk war, das ich ihr bereiten konnte. Ich bin mir
heute nicht mehr sicher, ob ich nicht angesichts der Freude
meiner Tochter ein paarmal über meine Augen wischen
mußte, und ich glaube, meiner Frau erging es genauso.

Die kleine Katze ist das schönste Weihnachtsgeschenk wider Willen für unsere ganze Familie geworden, wir haben sie
heute noch.

Gerhard Beese

Die Grammophon-Truhe

Man schrieb das Jahr 1929, ich war 10 Jahre alt, es war der 24. Dezember. Vater war Doktor in Berlin, und unsere Mutter und die kleinen Kinder wuchsen in Lehnitz, einem kleinen Ort vor Oranienburg, in einer alten Villa, Baujahr 1902, auf.

Zu Weihnachten kam die ganze Familie zusammen: Mutter, Vater, sieben Kinder von sieben bis 34 Jahren, unser gutes Hausmädchen Marie, unsere Haustochter (heute nennt man das «au Pair»), die Mimama (Oma) aus Berlin, Onkel Franz und Verlobte Lieselotte.

Schon Wochen vorher waren Vorbereitungen im Gange. Bruder Helmut, Bäcker und Konditor, werkelte Schüsseln von Weihnachtsgebäck wie Pfeffernüsse, Lebkuchen, Dominosteine, alles das, was man heute im Großmarkt kauft. Gebacken wurde in dem alten gemauerten Kachelherd mit Holz und ein paar Braunkohlenbriketts – nein, Elektro- oder Gasherd, das gab's noch nicht. Und dann das «Heiligabend-Essen»: Kartoffel-Heringssalat. Was da nicht noch alles hineinkam! Rote Beete, Gurken, Äpfel, Zwiebeln und Pflaumen, ein Riesentontopf voll! Später bekam jeder noch ein heißes Würstchen dazu. Festessen? Aus heutiger Sicht? Wir hatten siebeneinhalb Millionen Arbeitslose, und Vater mußte als Feld-Wald-Wiesen- und Stadt-Armeleute-Arzt zwölf Mäuler ernähren.

Ihr wißt ja, Heiligabend wird es schon früh dunkel. Vater hatte Esther, die Haustochter, und mich zum Bahnhof mit Leiterwagen bestellt. Wir fuhren los, während Mutter und Marie die letzten Fußböden putzten. Unser Losfahren mußte ganz geheim bleiben! Der Weg dauerte etwa 15 Minuten; auf dem Bahnhof gab es damals noch keine Schranke, aber schon einen «Perron» (Bahnsteig). Wir konnten so unser Wägelchen bis an den Zug bringen, natürlich noch ein alter schnaubender, pustender, zischender Dampfzug mit Wagen von 1914/15. Zwei Männer aus dem Zug und unser alter lieber Stationsvorsteher halfen uns, eine mordsgroße Kiste auf unser Wägelchen zu hieven. Dann zogen wir los. Zu Hause angekommen, machten wir hinter dem Haus im Garten halt, die Kiste wurde ausgepackt und durch die Hintertür ein... Grammophon hineingebracht. Nicht so ein altes Trichter-Dings, nein, eine ganz tolle Grammophon-Truhe! Damals der letzte Schrei!

Die großen Geschwister brachten das Ding, nachdem Mutter in die Küche geschickt worden war, ins Wohnzimmer. Wir Kleinen durften natürlich noch nicht mit hinein, es war das Weihnachtszimmer! Wir drückten uns irgendwo im Haus herum, bis das Glöcklein klingelte. Ich glaube, liebe Kinder, eure Augen leuchten heute noch genauso beim Anblick des Tannenbaums mit seinen brennenden Kerzen!

Bruder Alfred setzte sich ans Klavier, und wir sangen die alten Weihnachtslieder: «O du fröhliche», «Vom Himmel hoch», «Es ist ein Ros entsprungen», «Stille Nacht, heilige Nacht», und wir Kleinen schielten heimlich unter den Tannenbaum, ob und was wohl von unseren Wunschzetteln dabei war! Dann mußten wir drei Kleinen jeder ein Gedichtchen aufsagen. Da ich im April aufs Gymnasium gekommen war und Französisch als erste Fremdsprache hatte, schmetterte ich heraus: *«L'arbre de Noël! Mon beau sapin, rois des forest, que j'aime ta verture...»* («O Tannenbaum» auf Französisch) und erntete tosenden Beifall! Was wir alles den Eltern brachten, weiß ich nicht mehr, nur Bruder Alfred, frischgebackener Dr. med., überreichte dem Vater ein Schreibheft mit Texten und Zeichnungen über moderne Anatomie (ein Schmunzelheft, selbst fabriziert), um Vatern darzulegen, wie sich die moderne Medizin seit 1890, als Vater Dr. med. wurde, verändert hat. Vater schritt dann zur Grammophon-Truhe und legte als erstes Mozarts Krönungsmesse auf, dann folgten Lieder von Heinrich Schlusnus, Caruso und Lotte Lehmann. Mein Geschenk habe ich total vergessen, wahrscheinlich war's was zum Anziehen, das ohnehin schon längst überfällig war.

Liebe Mädel und Jungen, von allen, die damals dabei waren, leben nur noch die Esther, mein kleiner Bruder Fritz und ich. Alle anderen schauen mit den Englein vom Himmel und freuen sich zum Heiligen Abend mit euch, so wie ich mich die vielen Weihnachten gefreut habe, im Frieden, im Krieg an der Front und im Lazarett, in Gefangenschaft und wieder in Freiheit, so, wie ich mich auf den kommenden Heiligabend freue, wenn sich die Lichter der Kerzen in euren Augen und in denen meiner Enkelkinder spiegeln.

Anneliese Böning

Es gibt doch einen Weihnachtsmann

Es ist jetzt fast 35 Jahre her, und es war Heiligabend. Ich war elf Jahre alt und hatte noch vier kleinere Schwestern.

Noch zwei Tage zuvor hatte ich gehört, wie meine Eltern sich über das Fest unterhielten und daß doch gar kein Geld für Weihnachtsgeschenke übrig wäre. Mein Vater war schon seit langer Zeit arbeitslos, und es reichte so eben zum Leben. Feuerung und Fleisch müßten auch noch gekauft werden.

Ich hatte das ja schon länger mitbekommen, und für mich war es auch nicht so schlimm. Aber meine kleinen Geschwister hatten schon seit Tagen ihre Wünsche geäußert. Alle wollten so gern eine schöne Puppe mit Schlafaugen und Mamastimme, Malstifte und einen großen bunten Teller.

Immer wieder hatten sie meine Mutter damit gelöchert.

Ich konnte es schon nicht mehr hören, aber sie wußten ja nichts von den Sorgen meiner Eltern.

So habe ich sie nach dem Mittag fertiggemacht und bin mit ihnen spazierengegangen. Nur das Baby blieb zu Hause. Unterwegs erklärte ich ihnen, daß der Weihnachtsmann nicht zu allen Kindern kommen könne. Auch zu uns nicht, denn die Eltern müßten ihm ja erst das Geld für die Geschenke schikken, denn er könne doch nicht alles von seinem Geld bezahlen. Und wir hätten nun mal sehr wenig, weil der Papa doch keine Arbeit bekam. Er hatte doch eine verkrüppelte Hand aus dem Krieg behalten.

Meine Geschwister waren sehr traurig darüber, denn sie konnten das ja noch nicht so verstehen. Ich versprach ihnen, daß ich am Abend eine schöne Geschichte erzählen würde, wenn sie nicht mehr nach dem Weihnachtsmann fragten. Zu Hause haben wir dann noch alle ein Bild für unsere Eltern gemalt.

Am späten Nachmittag kam mein Vater nach Hause. Er war wieder mal auf Arbeitssuche gewesen, und er hatte für diesen Tag Glück gehabt. Er konnte beim Kohlenhändler helfen und brachte auch gleich einen Sack voll Kohlen mit. Und einkaufen war er auch noch. Weißbrot, Marmelade, Gulasch und noch einige andere Sachen. Das Schönste aber war der Tannenbaum. Wir versuchten dann mit der ganzen Familie, ihn zu schmücken, und zum Schluß sah er sehr bunt aus. So verging die Zeit wie im Flug.

Nach dem Abendbrot saßen wir sehr andächtig vor unserem Baum und sangen Weihnachtslieder und freuten uns. Plötzlich polterte es an der Tür. Meine Eltern sahen sich erschrocken und fragend an. Eine meiner Schwestern sprang auf und rief: «Der Weihnachtsmann, der Weihnachtsmann, er kommt ja doch zu uns!» Sie rannte zur Tür, machte sie auf und da stand er. Riesengroß, der rote Mantel hing bis auf die Erde. Mit einer Kapuze auf dem Kopf und einem Bart bis zum Bauch.

Wir waren alle mucksmäuschenstill. Er sah uns der Reihe nach an und sagte: «Guten Abend, darf ich hier einige Geschenke abladen?»

Meine Eltern waren noch immer sprachlos, sie sahen mich an und zuckten mit den Schultern. Meine Schwestern aber wurden sehr lebhaft und schrien fast vor Freude: «Na klar, wir wollen auch immer ganz artig sein!»

Jetzt erst kam ein großer Jutesack zum Vorschein und es ging los. Alle Kinder bekamen eine richtige Puppe, ein Paar Handschuhe, eine warme Mütze, einen Schal und eine bunte Tüte mit den tollsten Süßigkeiten. Es herrschte eine freudige Aufregung.

Dann kamen meine Eltern dran. Mutter bekam einen riesigen Pralinenkasten, Kaffee und ein Paar Hausschuhe. Vater eine Kiste Zigarren und auch neue Hausschuhe. Zum Schluß legte der Weihnachtsmann uns noch eine Ente fürs Mittagessen auf den Tisch.

Meine Eltern hatten inzwischen feuchte Augen bekommen und sahen sehr verstört aus.

Der Weihnachtsmann sah uns noch einmal alle der Reihe nach an und sagte: «Es hat mich sehr gefreut, daß ich bei euch war. Ein recht schönes Weihnachtsfest und auf Wiedersehen. Bitte bleibt alle hier sitzen, ich möchte allein hinausgehen.»

Und fort war er. Bis heute wissen meine Eltern nicht, wer das gewesen sein mag. Ich aber glaubte wieder an den Weihnachtsmann und an Wunder. Heute noch, bei jeder Weihnachtsfeier mit Weihnachtsmann, wird mir sehr warm ums Herz.

Da wird's so richtig gemütlich . . .

... wenn Geschichten erzählt werden und das Feuer im Kamin lustig flackert.

Doch muß auch der Schornstein rauchen, sonst hört die Gemütlichkeit schnell auf.

Pfandbrief und Kommunalobligation

Meistgekaufte deutsche Wertpapiere - hoher Zinsertrag - bei allen Banken und Sparkassen

Verbriefte Sicherheit

Eva Korhammer

Geschwistersegen

«Aber nur bis zum Rathaus! Und wenn's dunkel wird, bist du zu Hause!» Täglich rief mir meine Mutter diese Ermahnungen damals nach, wenn ich nachmittags weg wollte. Außer am Wochenende. Da hatten die Posten am Rathaus dienstfrei.

Aber ich sehe schon, ich muß weiter ausholen. Genaugenommen bis Dezember 45. Unser erstes Weihnachten wieder ohne Sirenen, Bunker und Bombenangst. Allerdings auch fast ohne seine traditionellen Attribute. Immerhin, einen Winzling von Weihnachtsbaum hatte mein Vater «organisiert». Mehr konnte er nicht schleppen, geschwächt, wie er zurückgekommen war, und mehr fand ohnehin nicht Platz in unserem Flüchtlingsverschlag unterm Dach, den der Hauswirt großartig als «Wohnmansarde» auswies, um weitere Einquartierungen abzuwenden. Kerzen waren auch noch vorhanden, von der letzten Luftschutzzuteilung, und Stanniolstreifen für Lametta hatten die Bomber im Überfluß abgeworfen.

Was fehlte, waren zum Beispiel Zutaten für die Weihnachtsbäckerei. Der Bäcker um die Ecke war guten Willens, unser Blech in seinen Ofen zu schieben – nur drauf sein sollte schon was! Seit Wochen hamsterte Mutter für unser Anstatt-Rezept: Graue Kleie statt Weizenmehl, SOWEI-Ei-Ersatz-Pulver statt Eier, Süßstoff statt Zucker, Wasser statt Milch, Natron statt Hefe, im äußersten Glücksfall ein Klumpen Schmalz statt Butter und in gar keinem Fall Rosinen, Sukkade oder dergleichen.

Es war die Zeit, als ich anfing, als Rathauswegweiser zu arbeiten. Ich war zwölf, Einzelkind, und seit uns die Luftminen aus der Großstadt nach F. in der hessischen Provinz ver-

73

trieben hatten, sahen meine Zeugnisse recht zwiespältig aus: weil ich keinen HJ-Pimpf aus dem Gedächtnis malen konnte, sackte ich in «Kunst» auf ungenügend. Ebenso in «Fleiß», wegen mangelhafter Ergebnisse beim Knochensammeln für Seife. Dafür war ich aber in Englisch ein halbes Jahr weiter – und hier fängt meine Geschichte erst richtig an.

Nach dem Zusammenbruch lag den Leuten in F. viel daran, rasch zu den zuständigen Besatzungsbehörden vorzudringen, um endlich wieder ein bißchen Ordnung in ihr Leben zu bringen. Unsere Sieger kamen aus dem Land der unbegrenzten Möglichkeiten und waren gar nicht so unfreundlich; nur verstanden sie kein Wort Deutsch und die Bürger von F. nur mäßig Englisch.

Der Rest war für mich sozusagen vorprogrammiert. Sobald ich beobachtete, wie schwer es die beiden Nationen auch sprachlich miteinander hatten, pflanzte ich mich vor dem Rathaus auf, in der Nähe der diversen US-Posten, und schmeichelte mich als Dolmetscherin ein. Was ich dabei radebrechte, hätte meinen Englischlehrer womöglich ins Grab gebracht, aber die Amis fanden es brauchbar und belohnten mich mit Hershey-Schokoriegeln und Chewing Gum satt.

Bis eines Tages Bill ein Formular abholen mußte. Bill war zwei Meter lang, hatte rund zwei Meter Taillenumfang und wog so seine zwei Zentner. Bill war Koch im Hauptquartier und fand, ich sei viel zu unterernährt, um bei den Rathausposten rumzulungern.

Sprach's, schleppte mich in seine Stabsküche (unsere Turnhalle!), räumte den nächstbesten Tisch leer und servierte mir ein üppiges, dampfendes, soßiges, fettschimmerndes Menü!

Prompt wurde mir speiübel, und ich fing an zu heulen. Das brachte nun wieder den gutherzigen Bill aus der Ruhe.

«Sister! Honey! Tell me, why are you crying?» flötete er.

«I-am-Eva-and-Hanni-is-not-right-and-sister-is-not-right», schluchzte ich, weil mir einfach nicht einfiel, was Geschwister auf englisch heißt.

«*Your sister?*» griff Bill eines der wenigen verständlichen Wörter auf. «*How many brothers and sisters do you have?*»

Natürlich, jetzt wußte ich's wieder! Geschwister hieß «brothers and sisters». Wie viele ich hätte? Ich spreizte abwehrend meine tränenbefeuchtete Hand. «I have...»

«*Five brothers and sisters?*» rief Bill entsetzt aus. Dann lief er weg, und ich fand mich damit ab, daß ich ihn mit meinem Gejammere vertrieben hatte. Ich war schon fast aus der Turnhalle, da schrie er hinter mir her:

«*Hej, Eva, wait!*» Bills obere Hälfte verschwand fast hinter einem Karton, und der war randvoll mit Weißbrotpäckchen, Schokobarren, Milchpulver, Zucker, Süßkartoffeldosen, Erdnußbutter und wer weiß was. Jeweils fünfmal!

Ich mußte fünfmal laufen, bis ich alles nach Hause geschleppt hatte, und aufpassen sollte ich dabei wie ein Luchs, weil Bill keinen Ärger kriegen wollte. Am ersten Weihnachtstag probte ich «brothers and sisters» mit meinen Klassenkameraden Erni, Sigrid, Paul und Suse. Die ganze Großfamilie genoß von Herzen, daß mein Englisch halt doch nicht so perfekt gewesen war!

Am Dreikönigstag habe ich es Bill dann gebeichtet. Zusammen mit Erni, Sigrid, Paul und Suse rückte ich an, und das war vielleicht ein Fehler. Bill lachte und schenkte jedem von uns eine Dose Maiskolben. Aber wenige Tage später arbeitete an seinem Platz ein dürrer, abweisender US-Soldat.

Ich wagte nicht, ihn nach Bill zu fragen. Hoffentlich war es nicht wegen meiner Geschwister...

Manfred Witte

Minna Joswig

Minna und Gustav Joswig saßen wie wir und mehrere hundert andere Flüchtlinge fest in einem winzigen Dorf an der dänischen Grenze. Während Gustav fast aus meiner Erinnerung entschwunden ist, sehe ich Minna leibhaftig vor mir: Mitte Vierzig, nicht sehr groß, aber kräftig, das graue Haar straff zurückgekämmt und zu einem dünnen Knoten zusammengefaßt, randlose Brille. Eine unscheinbare Person, nach der sich heute niemand auf der Straße umdrehen würde. Minna konnte wundervoll lachen, so lacht heute niemand mehr. Und es singt auch niemand mehr wie sie lauthals beim Fensterputzen: «Warum wäirst du, kläine Järtnersfrau...»

Minna und Gustav waren, wie Millionen andere, über das zugefrorene Haff gekommen, einige wertvolle Trakehner im Schlepp. Die Pferde wurden später von Minnas ehemaliger Herrschaft abgeholt, gegen ein Dankeschön.

«Se waren schon immer jeizich. Zu Hause ham de Dienstboten manches Mal jehungert», sagte Minna achselzuckend.

«Und da hast du nichts gesagt?» fragte meine Mutter fassungslos.

«Nej, aber in de Suppe jespuckt hab ich vorm Auftrachen», sagte Minna und lachte über mein entsetztes Gesicht. «Kannste ruhig essen, Manchen, is käine Spucke drin», sagte sie, wenn ich bei ihr aß. Bei Minna aßen ständig Kinder. Die dürren Hellwigs, die Zwillinge von Ebsteins, meine schöne Freundin Rita mit dem Hahnenkamm, ich selbst; Minna hatte immer etwas, und sie gab mit freundlicher Selbstverständlichkeit. Wir Kinder liebten sie, aber nicht nur wegen des Essens.

Die Joswigs wohnten in einem einzigen Raum, der zugleich Schlafzimmer, Küche, Versammlungsraum, Spielzimmer für halbverhungerte Flüchtlingskinder und Schauplatz für bescheidene okkultistische Handlungen war. Zu Minna kamen all die Frauen, die verzweifelt auf Nachricht warteten von ihren Männern, Söhnen, Vätern oder anderen Familienmitgliedern, die verschollen waren, abhanden gekommen in den Wirren dieser bösen Zeit.

«Minna – lebt er noch? Ach Minna, ich halt es nicht mehr aus, so ganz ohne Nachricht, Monat für Monat!»

«Haste was von ihm? Äin Bild, äin Haar?»

Dann saß Minna am Tisch, über das Foto irgend so eines armen Menschen gebeugt, ließ einen Ring über dem Bild pendeln.

«Wenn er sich bewegt, kriegste Beschäid, kräist er, noch besser...»

Der Ring kreiste immer, niemand ging ungetröstet weg. Um über das Schicksal ihres eigenen verschollenen Sohnes etwas zu erfahren, brauchte Minna solche Hilfsmittel nicht.

«Der Jeorch lebt», sagte sie entschieden, wozu brauchte sie da einen kreisenden Ring? An Minna ging kein Weg vorbei.

«Ich jehe nich zur Hochzeit mäiner Tochter», heulte die Frödrichsche aus Elbing, «ich hab räin jarnuscht anzuziehen.»

Das stimmte. Sie hatte wirklich nur den Fetzen, den sie auf dem Leib trug. Die Frödrichs hausten in der guten Stube bei Holthusens, acht Mann hoch in einem einzigen Raum mit schweren, grünsamtenen Vorhängen, die Holthusens waren reich. Ella Frödrich sah bei der Hochzeit direkt mondän aus in ihrem grünsamtenen Kleid, von Minna genäht. Ob die alte Holthusen Verdacht schöpfte? Vielleicht, zumal Minna die goldenen Troddeln des Gardinenbandes der Ella an den Busen genäht hatte, eine rechts, eine links.

«Wir sollen bei Kruses räumen, Minna, das geht doch nicht! Jetzt mitten im Winter und wo der Opa so krank ist», jammerte die bucklige Ladwig, verantwortlich für elf Menschen.

«Wart, ich komm», sagte Minna. Ladwigs blieben wohnen.

«Das Herrmännchen hat die ganzen Bezugsscheine verloren. Mein Gott, Minna, was machen wir bloß?»

«Ich jehe zum Sekretariat, wird schon werden.» Es wurde.

Weihnachten feierten wir bei Minna. Wir, und bestimmt
noch drei, vier andere Familien. Wir hatten alle nichts, aber
Minna beschenkte alle Kinder: Püppchen aus Stoffresten,
Glanzbilder, Ketten aus Obstkernen. Der Raum duftete nach
Bratäpfeln und Tannenzweigen, und wenn Minna auswen-
dig rezitierte: «Und es begab sich zu der Zeit, da ein Jebot
ausging...», dann lag eine große Feierlichkeit über der
Stube. Sogar die Erwachsenen hatten rote Ohren, und die
waren bestimmt nicht nur auf Gustavs Selbstgebrannten zu-
rückzuführen. Wir Kinder saßen frischgeschrubbt, atemlos,
die Leibchen und kratzenden Wollstrümpfe vergessend,
wenn Minna erzählte. Sie kraulte dabei ihren einäugigen, zer-
zausten Kater.

«Er is wie mäin Jeorch, träibt sich rum, macht nuscht wie
Unsinn, aber äin joldenes Herz.»

Das war wohl auch der Abend, an dem meine Mutter, un-
terstützt durch die anderen Frauen, so lange in Minna dran-
gen, bis sie ihren Ring über Georgs Bild baumeln ließ. Sie
hatte sich lange gesträubt.

«Is doch man bloß äin Späßchen», meinte die Frödrichsche, aber Minna schüttelte den Kopf. Ich sehe Minna noch,
wie sie mit blassem Gesicht ihren Ehering über dem Foto
ihres Sohnes hängenließ. Der Junge auf dem Foto lachte,
Minna blieb still, und schließlich weinte sie. Der Ring wollte
nicht kreisen.

«Aber Minna, das ist doch alles nur Aberglaube! Du weißt
doch selbst, wie oft du nachgeholfen hast, um jemanden zu
trösten», beschwor meine Mutter die aufgelöste Minna.
Aber die blieb dabei:

«Er lebt, bloß werd ich ihn nie mehr sehn.»

Es war unser letztes gemeinsames Weihnachtsfest. Minna und Gustav wurden, genau wie wir und die meisten anderen, 1950 umgesiedelt, wir in die Pfalz, Joswigs in irgendein Dorf im Württembergischen. Kurz bevor der Zug abfuhr, verschwand Minnas Kater, sie mußte ohne ihn fahren.

1957 rief Minna vor Weihnachten bei uns an:

«Mein Jeorch kommt zum Fest nach Haus. Stell dir vor, Anna, er lebt schon seit Jahren in Südafrika. Er kommt mit Frau und Kind.» Minna weinte herzzerreißend, meine Mutter freute sich mit ihr, sie hielt Minnas Tränen für Freudentränen.

Minna starb am 20. Dezember. Ihr Sohn traf einige Stunden nach der Beerdigung ein. Ich habe keine Erinnerung an ihn. Von Minna träume ich manchmal.

Rosemarie Windus

Göttinger Vorweihnacht

Die Kinder sind zum Weihnachtsmarkt gefahren. Sie hatten sich lange darauf gefreut, und ich habe es erlaubt, obwohl ich Angst habe. Ich weiß, daß die Vorwürfe von außen nicht das Schlimmste für mich sein werden, wenn etwas passieren sollte, was ich versuche, nicht zu befürchten. Aber reicht nicht schon die massenhafte Anwesenheit bewaffneter Polizisten, die Spannung, die in der Luft liegt?

Wie erleben das Kinder? Mir war gestern bange – der Weihnachtstrubel, von der Empore des Rathauses spielte eine Kapelle Weihnachtslieder – ich weiß nicht welche, ich konnte nicht aufnehmen. Es war absurd, überall die Mannschaftswagen, die Truppen und Gruppen in Kampfanzügen, die Demonstration von meist sehr jungen Leuten, in denen ich mir beim besten Willen nicht die Randalierer vorstellen kann, die Scheiben einschmeißen, und wieder Polizei mit Schild und Helm und Knüppeln, die chemische Keule einsatzbereit; und über allem verbreitet die Weihnachtsneonbeleuchtung ihr kaltes, diffuses Licht, thront die Kapelle und spielt von gnadenbringender Weihnachtszeit.

Friede, Einkehr, Besinnung??? Mir ist kalt, nicht weil die Temperatur klirrend ist, nein, für Anfang Dezember ist es eher warm. Mir ist kalt und ich bin beklommen, weil ich diese Gegensätze nicht in mich aufnehmen kann, ohne die Angst, innerlich zu zerreißen. Denn es gibt ja nicht nur die Polizei und die Demonstranten, da sind auch die Passanten im üblichen Weihnachtsrummel, so als berührte sie das alles nicht, als nähmen sie nichts wahr. Oder, was noch schlimmer ist, sie regen sich auf: über die Störung, die Behinderung, die ihnen entsteht in ihrem fiebrig-hektischen Kaufzwang, durch das, was sie nicht sehen und nicht wahrhaben wollen. Die Demonstranten nämlich, die auf soziales Elend, Wohnungsnot aufmerksam machen, die «Idylle» stören.

Sie empören sich nicht ob der vielen Polizisten, anscheinend fühlen sie sich durch diese nicht bedroht, weil sie in die «süßer die Kassen», ach nein, es waren die Glocken, «nie klingen»-Stimmung passen; sie gehören dazu.

Und ich, wo stehe ich? Am Rand. Und mir schaudert.

Advent, Zeit der Besinnung und Einkehr. Wo ist hier Platz für die Weihnachtsbotschaft? Waren nicht auch Maria und Joseph Besetzer, denn sie fanden keinen Raum in der Herberge, und ein Stall ist doch auch Privateigentum, oder? Und Lukas berichtet nichts davon, daß der Stall runtergekommen war oder schon lange unbewohnt. Dieses historische Besetzerpaar, besungen in den Liedern, die aus zahlreichen Lautsprechern plärren – was geschähe heute mit ihnen?

Meine Gedanken werden vorsichtig, sehr vorsichtig. Wer käme statt der Hirten vom Felde? Was geschähe ob der Verkündigung, daß der Heiland geboren ist, welcher ist Chri-

stus, der Herr?? Maria und Joseph in U-Haft oder im Landes-
krankenhaus???

Und meine Kinder sind in der Stadt, auf dem Weihnachtsmarkt. Ihr Kinderlein kommet, o kommet doch all: zu Pop-
korn und Staatsraison.

Ich bin hilflos, hab Angst in dieser gnadenbringenden
Weihnachtszeit; fühle mich ohnmächtig und allein. Was werden die Kinder erzählen, wie soll ich ihre Fragen beantwor-
ten?

Und schon wieder heulen Sirenen. Fahren weitere Mannschaftswagen in die Stadt?

Anonym

«Weihnachtsgeschichte eines Landstreichers»
oder
«Heiligabend ist da, und ich gehöre nicht dazu!»

Dies ist mir in all den Jahren noch nicht vorgekommen. Heiligabend ist da, und ich habe heute nacht kein Bett.

Mein Rucksack ist im Gepäckschließfach des Bahnhofs.
Am Morgen des Heiligen Abends bummle ich ohne die
25 Kilo auf dem Rücken durch die noch hektisch pulsierende
Stadt. Die Leute machen ihre letzten Einkäufe vor der großen
Ruhe. Bei mir ist schon Ruhe eingetreten: Mit reichlich zu-
sammengebetteltem Geld in der Tasche versuche ich, diese
Ruhe zu genießen. Mein ‹Weihnachtsgeschäft› ist erledigt.
Die Fahrkarte, diesmal außergewöhnlich weit, gut 100 km
weit in die nächste Großstadt, habe ich schon vorhin besorgt.
Doch ich will jetzt noch nicht fahren, ich habe Zeit, viel Zeit.
‹Mein› Zug fährt erst um halb vier am Nachmittag, jetzt ist es
neun Uhr am Vormittag. Diesen Tag will ich erleben: Keine

Kameraden von der Straße sehen, heute nicht! Und bloß nicht heute abend in eine Herberge gehen, heute nicht! Ich will keine helfenden Menschen sehen, triefendes Mitleid spüren, heute nicht! Ich will keine weihnachtliche Liebe spüren, wo sie doch sonst auch nicht da ist, heute nicht... Ich spreche keine Leute an wegen einer ‹milden Gabe›; auf der Straße nicht, an den Haustüren nicht, in den Geschäften nicht, obwohl sicher einiges zu ‹holen› wäre.

Es wird Mittag, die Stadt wird leerer, die Atmosphäre langsam unheimlich. In einem Schnellrestaurant gehe ich Mittag essen; ich habe soviel Geld, daß ich mir das Essen heute nicht erbettle. Bis zum Zug habe ich immer noch Zeit; im Südpark mit dem Tropengewächshaus und dem Ziegengehege gehe ich spazieren. Schön wäre es, wenn hier und jetzt Schnee liegen würde, die weihnachtliche Idylle wäre vollkommen.

Kurz nach drei Uhr bin ich am Bahnhof, den Rucksack hole ich mir aus dem Schließfach; oh, wie wohl ist mir zumut, wenn ich mein komplettes Gepäck bei mir habe und die Reise losgeht. Auf dem Bahnsteig ist es ruhig, viele Reisende sind hier nicht mehr. Der Zug kommt, ich steige ein, der Zug fährt an.

Mit zunehmender Geschwindigkeit verläßt er die Stadt. Die Fahrt verläuft ruhig: Aus dem Fenster sehe ich den Rhein, spüre förmlich die Ruhe in den Dörfern, in den Weinbergen, auf den Straßen und Wegen, auf dem Strom; durch die Waggonwand spüre ich den Heiligen Abend. Das Fahrgeräusch nehme ich auf wie ein Rauschgift: was für ein Weihnachtsnachmittag! Knapp eine Stunde fährt der Zug ohne Zwischenhalt. Diese Reise ist mein Weihnachtsgeschenk an mich. Gegen halb fünf am Abend ist die Dämmerung weit fortgeschritten; ich steige aus dem Zug. Die 20 Kilometer zur nächsten gescheiten Herberge fahre ich erst morgen mittag. Unschlüssig stehe ich in der Bahnhofshalle. Mein schweres Gepäck fällt auf. Der Rucksack geht also wieder ins Schließfach, nur die Rolle mit dem Schlafsack und einige Lebensmittel nehme ich mit auf den Weg. Zum Rhein laufe ich durch die Innenstadt; fast verloren gehen einige späte Spaziergänger an den Schaufenstern der Geschäfte vorbei. Und ich auch. Doch ich gehöre nicht dazu, Heiligabend ist da, und ich gehöre nicht dazu. Abwesend verdränge ich den Gedanken, lasse nur diese eigenartige Ruhe auf mich einwirken, dann gehe ich zum Fluß.

Minutenlang sehe ich dem Spiel der Wellen und der Lichter auf der anderen Uferseite zu. Mittlerweile ist es vollkommen dunkel, ich setze mich in Bewegung. Eine Dreiviertelstunde werde ich gehen bis zu meiner Unterkunft für diese Nacht. Es wird die zehnte Nacht im Freien, bei 8 Grad unter Null. Nun schneidet auch noch der kalte Wind vom Fluß an meinen Körper. Hier und jetzt will ich aber kein Ende machen mit meinem Ansinnen, und nun doch noch in die städtische Herberge gehen, in die ich auch sonst prinzipiell nicht gehe. *Diese* Nacht gehört mir, und nur mir allein.

Unterwegs durch die Dunkelheit, höre ich plötzlich ein einsames Schiff. Kurz darauf erkenne ich die Lichter des Frachters, seine dunkle Gestalt schiebt sich über das Wasser. Dann, als wär's von mir gewünscht, ertönt melodisch das Schiffshorn. Keine noch so herrliche Orgel könnte mich in diesem Augenblick mehr begeistern... Ich weiß nur nicht, wen der Schiffsführer grüßt. Angehörige? Bekannte? *Mich?* Ich glaub, er hat mich nicht gesehen.

Meine Unterkunft habe ich erreicht. Weil sie windgeschützt ist, kann ich eine gefundene Kerze anzünden: Ich habe etwas Licht. Den Schlafsack rolle ich aus, setze mich darauf. Als ‹Festmahl› dient mir ein Stück Kuchen, mehr nicht. In den Schlafsack gekrochen, lösche ich die Kerze, und dann

GUTE NACHT, HEILIGE NACHT

(Der Autor dieses Beitrags hat gebeten, seinen Namen nicht zu veröffentlichen.)

Die Heiligen Drei Könige von Sylt

Am Heilignachmittag saß ich im Zug nach Westerland und ließ Weihnachten hinter mir zurück. Konsumsteigernde Weihnachtsmänner in den Straßen, «O du fröhliche» aus allen Lautsprechern, Zimtsterne auf jedem Backblech, Ohnmachten nahe Verkäuferinnen in den Kaufhäusern und lieb gemeinte Einladungen zu Lichterglanz und Weihnachtsgans. Alle Jahre wieder. Aber diesmal sollte es für mich ein Heiligabend mit mir allein sein, mit Gedanken, Büchern, klarem Winterhimmel über der Insel und garantiert ohne Tannennadeln auf dem Teppich.

Im Zug saßen erwartungsfrohe Weihnachtsheimkehrer, und so kam ich zwischen Husum und Bredstedt in den Genuß zuckriger Lebkuchenherzen, die meine Abteilnachbarin freigebig austeilte. Aber das war's dann auch mit Weihnachtlichem.

In meinem Miet-Appartement grüßte kein Tannenzweig, kein Rauschgoldengelchen, und mir war es recht so. Mich lockten Strand und Meer. Zartgrau war der Himmel mit perlmuttfarbenen Streifen im Westen, und die Wellen liefen so sanft auf den Strand, als ob sie ihn nicht aus dem Winterschlaf wecken wollten.

Ich stapfte eine Düne hoch, schaute mal über das Meer, mal über die in Dämmerung versinkende Dünenlandschaft hinter mir. In der Ferne leuchteten die Lichter von Westerland, und der gleißende Lichtstrahl des Kampener Leuchtturms zuckte über das dunkel werdende Land.

«Es begab sich aber zu der Zeit...» Aus sehr altem Erinnern kamen plötzlich diese vertrauten Worte auf meine Lippen, und ich sagte sie laut vor mich hin, wie eine Wehr gegen die Kälte, die mir langsam in Herz und Glieder kroch. Eilig strebte ich der Westerländer Promenade zu, die menschenleer dalag, nur von ein paar Lampen matt erhellt. Vor der verwaisten Musik-Muschel hockte ich mich einen Augenblick lang auf eine Bank, spürte betroffen, daß ich Angst davor hatte, in mein Appartement zurückzukehren. Zu den Büchern, den Gedanken und dem Alleinsein mit mir. Aber hatte ich es denn nicht so gewollt?

Trotzig fast trottete ich die Straße hinunter und blieb plötzlich überrascht stehen. Wahrhaftig, die Heiligen Drei Könige von Sylt kamen da auf mich zu, der eine im blau-weißen Fischerhemd, der zweite im Rollkragenpullover und der dritte in roter Öljacke, und alle hatten Pudelmützen mit Goldlitze darauf auf dem Blondhaar. Der größte der drei trug einen Stab mit einem goldglänzenden Stern an der Spitze, die beiden anderen hatten kleine Laternen in den Händen. Und so zogen sie von Haus zu Haus, sangen vor den Türen ein Weihnachtslied und nahmen mit einem fröhlichen «Gud Jul wansker» die ihnen zugedachten süßen Gaben entgegen.

Wundersames aber geschah mit mir. Still folgte ich dem goldenen Stern und den Heiligen Drei Königen von Sylt, wartete geduldig, bis sie ihr Lied gesungen hatten, und folgte ihnen dann weiter nach. Und dabei war mir so wohl, so weihnachtlich zumute wie nie zuvor. «Es begab sich aber zu der Zeit...» Der Stern von Bethlehem war aufgegangen und leuchtete.

Ja, und schließlich kam ich mit meinen kleinen Heiligen Drei Königen zu einer Herberge, einem Gasthaus, wo Menschen beim Kerzenschein zusammensaßen und mich freundlich in ihrer Mitte aufnahmen. Mein Weihnachten hatte begonnen.

Der Waldgeist

Wir schrieben das Jahr 1935. Wir waren bitterarm und wohnten in Berlin-Mahlsdorf. Da mein Vater bereits zwei Jahre
arbeitslos war, hatten wir kurz zuvor unsere schöne Wohnung in Karlshorst aufgeben und in den billigeren Vorort
umziehen müssen. Für uns Großstadtkinder war das Leben
nahe dem Lande natürlich abenteuerlich, und für ganz kleine
Arbeiten bei den Bauern durften wir nach der Ernte stoppeln
gehen und nach übersehenen Kartoffeln buddeln. Bei solchen
Ausflügen kamen wir auch oft in die Nähe eines kleinen Hol-
zes mit einer Schonung voll schönster Weihnachtsbäume.

Als unsere Mutti uns kurz vor Weihnachten erklärte, wir
würden diesmal keinen Baum haben, weil wir die wenigen
Mark der Haushaltskasse besser für Essen und Trinken aus-
geben sollten, reifte in uns ein verwegener Plan. Meine beiden Schwestern und ich – wir waren damals zwischen fünf
und zehn Jahre alt – warteten einen Tag vor dem Fest auf die
Dämmerung und machten uns selbdritt auf den Weg zu dem
kleinen Wäldchen.

Es dauerte auch nicht lange, da hatten wir das Bäumchen
auf Sicht, das wir schon in unserer Stube stehen sahen. Kaum
hatten wir jedoch mit unserer stumpfen Säge Hand an das
Stämmchen gelegt, brach wie ein furchtbarer Waldgeist eine
drohende Gestalt aus dem bereits dunkel werdenden Unter-
holz und jagte uns in panische Flucht. Wir rannten, was das
Zeug hergab, unsere fünfjährige Schwester in der Mitte, und
kamen erst ganz weit draußen mit klopfenden Herzen und
zitternden Knien zum Stehen. Und wir waren sehr traurig,
weil wir nun keinen Weihnachtsbaum hatten.

Heiligfrüh. Meine Mutter, wie immer die erste auf den
Beinen, kam aufgeregt in unser Dreizimmer und scheuchte

uns aus den Federn. Noch im Nachthemd, führte sie uns an die Tür, vor der ein wunderschönes Weihnachtsbäumchen lehnte. Es sah genauso aus wie jenes, das wir am Abend vorher stibitzen wollten, welche Vermutung auch darin Nahrung fand, daß unsere stumpfe Säge darangebunden war. Wir drei sahen wohl etwas betreten drein, doch dann siegte trotz des immer noch strengen Blicks unserer Mutter das Glück über unseren Weihnachtsbaum, der unsere Stube mit seinem würzigen Duft erfüllte und in seiner geschmückten Pracht bis weit in den Januar hinein unser ärmliches Heim zum Paradies machte. Es blieb natürlich das Rätsel um das Auftauchen das Baumes vor unserer Tür.

Viele Jahre später erst löste es sich. Ich war längst erwachsen und hielt mit einigen Freunden in der «Verdi-Quelle» gleich in der Nachbarschaft hin und wieder ein kleines Dämmerschoppen-Plauderstündchen. An einem solchen Abend, es war zwischen Weihnachten und Neujahr, kamen wir auf sonderbare Geschichten zu sprechen, die sich gerade in dieser Zeit abspielten. Ich erinnerte mich an das fast vergessene Erlebnis mit unserem Weihnachtsbaum und gab es zum besten. «Ein wirklich guter Geist», kommentierte einer meiner Freunde das Geschehen. Da erhob sich ein alter Mann, der, von uns unbeachtet, in einer Ecke sein Bier nippte, und schlurfte zu uns an den Tresen. «Der gute Geist», sagte er mit müder Stimme, «der war ich. Anno '35 war's doch, nicht?» Dann erzählte er, daß er damals Knecht bei dem Bauern war, dem das kleine Wäldchen gehörte, das jetzt zu einem stattlichen Wald herangewachsen war. Dieser Bauer hatte ihn in den Abendstunden der letzten Tage vor dem Fest in den Wald beordert, um seine kleinen Fichten vor dem Zugriff der Armen zu schützen. Zuerst hatte er uns auftraggemäß davongejagt, doch dann taten wir ihm leid, wie wir so mit unserem kleinen Schwesterchen in der Mitte die Flucht über Stock und Stein ergriffen. Es fiel ihm nicht schwer, unsere Adresse herauszubekommen, weil meines Vaters Name auf dem hölzernen Griff der Säge eingeritzt war, die wir bei unserer panischen Flucht zurückgelassen hatten.

«Die war unheimlich stumpf, eure Säge. Und ich hab mich ungeheuer schwergetan, euer Bäumchen abzukriegen, das sowieso zu dicht bei seinem Nachbarn stand.»

Ich lud den alten Mann zu unserer Silvesterfeier ein, an der auch meine Eltern und meine beiden Schwestern teilnahmen, und wir hatten viel Spaß mit unserer Flucht vor dem «Waldgeist». Wir waren noch viele Male mit ihm zusammen, denn jetzt ging es uns einigermaßen gut, und er wirkte abgerissen und ärmlich. Und als unser Opa starb, wuchs er in dessen Funktion hinein und blieb bis zu seinem Tod ein Teil unserer Familie.

Helmut Reinking

Weihnachten in Rußland

Tiefblauer, dunkler Himmel, unzählige Sterne am Firmament, der Frost klirrte. Vermummte Gestalten, ein karges Häuflein, eine Infanteriekompanie der arg zerrupften deutschen Armee, bezieht vorher angelegte, neue Stellungen.

Wieder einmal hatten wir den ‹geordneten› Rückzug angetreten. Hier sollten wir den mächtig vorrückenden Feind aufhalten.

Zum wievielten Mal? Wir wußten es nicht.

Am nächsten Morgen konnten wir die herrliche Winterlandschaft bewundern, die Russen waren noch weit weg, es herrschte eine himmlische Ruhe, nur in weiter Ferne hörte man ab und zu einen Granateinschlag oder eine MG-Salve. Leise rieselte der Schnee, und dünne Rauchfahnen zeigten, daß hier noch Lebende hausten.

In vier Tagen war Weihnachten, jeder Unterstand bekam eine kleine, frisch geschlagene Tanne. Fleißige Hände bastelten aus Konservendosenblech Weihnachtsbaumschmuck, und aus Zigarettensilberpapier wurde Lametta geschnitten. Die Bunker wurden mit Tannengrün weihnachtlich hergerichtet. Überall war ein frohes Schaffen, und die Kanonenöfen wurden auf glühende Wärme gebracht. Bald stand der Weihnachtsbaum, so schmuck und fein, sogar Kerzen wurden aufgetrieben. Es weihnachtete sehr! Die Bunkertür öffnete sich, ein kalter Luftzug und ein paar vorwitzige Schneeflocken wirbelten herein. Plötzlich stand unser selten gesehener Spieß im Raum, bepackt mit Päckchen und Briefen! Nanu, der Spieß persönlich? Da mußte etwas Besonderes sein.

«Morgen, Männer», sprach er mit ungewohnt milder Stimme, «wir haben Nachricht vom Obergefreiten Nacke.»

Heinz Nacke, der Liebling und Unterhalter der Kompanie, war beim letzten Angriff schwer verwundet worden. Seitdem kaum Lachen, keine Mundharmonikamusik, es war traurig.

«Eine Schwester aus einem Feldlazarett schreibt, daß er wohl am Leben bleibt, aber mit den Augen sei nichts zu machen. Nacke läßt euch sagen, es gehe ihm gut, ihr sollt keine Sorge haben. Jetzt brauche er wenigstens nicht soviel Kokolores zu machen, um uns bei Laune zu halten. Dann hat er noch eine Bitte: ab und zu soll doch mal einer schreiben, er möchte stets Verbindung zu seinen Kameraden haben.»

«Ja, das machen wir», brüllten alle fast einstimmig.

Und nun machte der Feldwebel ein kaum gesehenes, vergnügtes Gesicht. «Haltet euch alle fest. Jetzt kommt das größte Weihnachtsgeschenk.» – Eine kurze Pause erhöhte die Spannung. – «Wir werden in Kürze nach Frankreich verlegt. Das Vorauskommando wird direkt nach Weihnachten zusammengestellt. Das ist die Wahrheit, keine Latrinenparole.» Sekundenlange Stille, dann ein Gejubel, eine Freude, alles lachte und einige weinten sogar. Sollte es wahr sein? Nach endlos langen Jahren Rußland in Schnee, Eis, Hitze, Schlamm und unendlichen Weiten, im Nacken einen gnadenlosen Gegner. Wir konnten es nicht fassen, trotzdem lag Glückseligkeit auf allen Gesichtern. Nun machten uns die lustigen Schneeflocken am kleinen Bunkerfenster große Freude, der ständige Ofenqualm im Raum wurde zum Duft.

Nur einer, Gefreiter Harms, stand ruhig und stumm im Raum.

«Mensch, Harms, freuen Sie sich nicht?» fragte der Spieß mit schmunzelnder Miene. «Dabei habe ich doch noch ein Weihnachtsgeschenk für Sie.»

Harms sah über den Rand seiner Nickelbrille und sagte zaghaft: «Wo alles so ruhig und friedvoll geworden ist, möchte man am liebsten hierbleiben», und schaute dabei zum Fenster heraus.

Alles lachte, einer meinte, er solle doch seine Hütte hier bauen, aber mit Warmwasserheizung.

«Wollen Sie denn trotzdem morgen in Heimaturlaub fahren oder wollen Sie mit dem Vorauskommando nach Frankreich?» fragte der Feldwebel den Gefreiten Harms. Harms schaute auf und sagte ganz ruhig:

«Dann möchte ich wohl lieber zu meiner Frau und den Kindern», und zeigte ein feines Lächeln auf seinen Lippen.

Nun ging der Spieß zum nächsten Unterstand, und er kam uns vor wie ein Weihnachtsengel mit Flügeln und Lamettahaar. Leise erklang ein Weihnachtslied, «Stille Nacht, heilige Nacht». Die dumpfen Einschläge der Granaten und peitschenden Gewehrschüsse kamen näher, aber wir hörten sie nicht, wir waren im siebten Himmel.

Der Wachdienst im Graben ging weiter, es war an der Zeit, den Glückspilz Harms abzulösen. Es war seine letzte Wache, er konnte seine Sachen packen und nach hinten gehen, sein Urlaub sollte beginnen. Wo war er nur? Er war nicht aufzufinden. Vielleicht war er eingeschlafen und träumte von sei-

nen Lieben? Wir riefen: «Harms!», «Harms?» Er war nicht zu
sehen, obwohl das sonst nicht seine Art war, uns suchen zu
lassen. Wir riefen in einen unbelegten Unterstand hinein, wir
leuchteten mit einer Taschenlampe in den Bunker. Dort hinten – was war da? Der Bunker hatte noch keine Rückwand, es
sollten noch Balken eingebaut werden. Dort war ein Erd-
rutsch zu sehen. Es schnürte uns die Kehlen zu, als wir die
Kameraden zu Hilfe riefen. Viele bebende Hände scharrten
das Erdreich fort. «Da!» lallte einer, seine Filzstiefel kamen
zum Vorschein und bald hatten wir ihn frei. Friedlich lag er
vor uns, mit ruhigem Gesichtsausdruck, er war tot. Wir
konnten es nicht fassen, einige knieten nieder, einige
schluchzten. Aber weinen konnten wir nicht. Der verdammte Krieg hatte uns so leer gemacht, alle Gefühle schienen versteinert.

Hinter den Stellungen erhob sich nun ein schneebedeckter
Hügel, und wenn der Himmel sternenübersät war, der tief-
dunkelblaue Hintergrund vom klirrenden Frost erhellt
wurde, dann konnte man das Birkenkreuz mit dem Stahl-
helm des Gefreiten Harms sehen. Es sah alles so friedlich und
ruhig aus, der Weihnachtsbaum glänzte matt durch das Fenster. Es war seine letzte Hütte. Doch die Lieben daheim warteten vergeblich auf den Sohn, Mann und Vater. Stille Nacht,
ruhige Nacht!

Wolfgang-Julius Hochhaus

Im Stall zu . . . ?

In unserer Familie ist es Brauch, am Heiligabend die Weihnachtsgeschichte nach Lukas vorzulesen. Ausgerechnet auf
diesen Bibelseiten befinden sich Brandmale, und nachdem

ich immer wieder gefragt wurde, woher sie stammen, da ich doch die Bibel so sorgsam hüte, habe ich es schließlich erzählt, und ich habe mich hingesetzt und aufgeschrieben, was an jenem denkwürdigen Heiligen Abend geschah. Diese Geschichte liegt nun zusammengefaltet in der Bibel, und ich lese sie alljährlich zusammen mit der Weihnachtsgeschichte vor:

Niemals – weder früher noch später – habe ich einen Heiligen Abend so innig und beglückend empfunden, wie jenen im Dezember 1944. Wir wohnten in dem Dorf W., das in der nordöstlichen Ecke des Deutschen Reiches gelegen war, in unmittelbarer Nähe der litauischen Grenze. Dort bewirtschafteten wir seit Generationen einen Bauernhof.

Seit Jahren herrschte Krieg, und die Front befand sich in der Nähe. Unter uns Dorfbewohnern herrschten Angst und Niedergeschlagenheit. So konnte denn auch keine rechte Vorfreude auf Weihnachten aufkommen. In der Kirche war der Gottesdienst stärker besucht als sonst. Die Menschen suchten Trost.

Mein Vater humpelte (er hatte seit dem Polenfeldzug ein steifes Bein) täglich besorgter über den Hof, schaute und horchte nach Osten, woher bei Ostwind die Front drohend zu uns herübergrollte.

Am 22. Dezember, beim Abendbrot, eröffnete Vater uns, daß wir den Hof verlassen müßten. Wir sollten erst mal die Memel westwärts überqueren, um dort Weiteres abzuwarten. Mutter weinte, meine Schwester und ich waren ratlos. Schon in zwei Tagen sollten wir trecken, wie Vater das nannte. Zu seinen Worten fiel mir nichts Besseres ein, als zu fragen: «Was ist denn mit Weihnachten? Wir haben doch schon den Baum geschlagen?!» Mutter nahm uns in ihre Arme und meinte, noch schluchzend, tröstlich: «Weihnachten ist überall, Kinderchen.»

Ich will jetzt nicht erzählen, wie wir den nächsten Tag

durchlebten. Das ist eine Geschichte – eine traurige – für sich.

Am Heiligabend fuhren wir mit unserem schwer beladenen Wagen vom Hof. Vater hatte Max und Liese vorgespannt, und Lotte war hinten am Wagen festgebunden. Deutlicher als sonst wummerte es im Osten, und am Horizont blitzte es wie Wetterleuchten. «Uns zum Abschied», dachte ich. Es hatte in den letzten Tagen geschneit, doch Wege und Straßen waren durch Militärfahrzeuge eingefahren. Am Dorfausgang sammelten sich die Einwohner zu einem Treck, und dann ging es westwärts auf Tilsit zu, zur Memelbrücke. Nur langsam kamen wir voran und öfter gab es einen Halt. Entweder stießen andere Trecks zu uns oder die Vorfahrt der Militärfahrzeuge war zu beachten. Ohne größere Rast wurde den ganzen Tag gefahren.

Am Abend gelangten wir in ein Dorf (an den Namen erinnere ich mich nicht). Hier sollte übernachtet werden. Groß war das Gedränge, aber schließlich fuhren wir auf einen Hof und wurden in einen Stall eingewiesen. Vater fütterte und tränkte die Pferde, während Mutter in einer Stallecke für uns ein Lager bereitete. Dabei halfen wir Kinder ihr, trugen Decken und Pelze hinein und breiteten sie auf Stroh aus. Endlich war auch Vater fertig. Die Pferde malmten ihren Hafer. Um uns herum hatte Vater Stallaternen aufgestellt. Nur unsere Ecke wurde von ihrem gedämpften Licht erhellt, der übrige Raum verblieb in Dämmerung. Vater bat mich mitzukommen. Wir gingen zum Wagen. Dort gab er mir einen länglichen Gegenstand, verpackt in einer Plane, und er legte sich eine Holzkiste auf die Schulter. Erst im Stall, beim Abnehmen der Plane, merkte ich, daß Vater unseren Weihnachtsbaum mitgenommen hatte. Und noch mehr! Aus der Kiste holte er unseren Baumschmuck und unsere Bibel mit den Silberbeschlägen. Dazu bemerkte er: «Weihnachten ist überall, wie Mutter sagt. Also laßt uns trotz allem den Heiligabend feiern.» Der Baum wurde in einen Strohballen gesteckt. Rasch hatten wir ihn geschmückt und auch einige Kerzen angebracht. Auf Strohballen saßen wir im Halbkreis um den Baum herum. Leise klirrten die Ketten der Pferde, die uns neugierig ihre Köpfe zuwandten. Das Kerzenlicht flackerte an den Stallwänden, Schattenbilder werfend. Es roch nach Heu und Pferden, Stallduft und Stallwärme umhüllten uns. Vater nahm die Bibel zur Hand, setzte seine Brille auf und las mit seiner Feiertagsstimme, bedächtig Zeile für Zeile mit dem Zeigefinger suchend, die Weihnachtsgeschichte aus dem Lukas Evangelium. So, wie er es auch an früheren Heiligabenden bei uns zu Hause machte. Mutter hörte, die Hände gefaltet, andächtig zu, wobei sie mit den Lippen lautlos die Worte mitformte. Ab und zu stieß jemand die Stalltür auf, und ich konnte dann draußen wirbelnde Schneeflocken erkennen. Einige wurden hereingeweht. Der Luftzug ließ die Kerzen aufflackern, die Schattenbilder unruhig zucken. Andere Flüchtlinge traten behutsam in unseren Kreis und hörten Vater zu. Eigenartig berührte mich die Stimmung im Stall. Vater las von der Krippe und den Hirten. Mir erschienen die fremden Leute wie Hirten, und mir ging durch den Sinn: «So könnte es auch vor 1944 Jahren gewesen sein.» Alle schauten andächtig auf den leuchtenden Baum. «Wie auf den Stern von Bethlehem», dachte ich weiter. Über Mensch und Tier lag eine ganz besondere Feierlichkeit, und ich glaubte zu spüren, daß Engel uns umgaben. Alles wirkte so unendlich friedlich.

Vater hatte die Geschichte beendet, legte die Bibel noch aufgeschlagen beiseite und forderte alle auf, nun gemeinsam zu singen: «Macht hoch die Tür, die Tor macht weit!» Mitten in unserem Gesang geschah es dann. Der Baum fiel um! Vater sprang auf die ins Stroh gefallenen Kerzen zu und Mutter schrie auf: «Erbarmung, Jesus, die Bibel brennt!», griff nach ihr und löschte mit ihrem Kopftuch eine Kerze, die auf die Bibelseite gefallen war. So wurde unsere Bibel gezeichnet! Dieses Brandmal erinnert mich stets an einen wundersamen Heiligabend.

Georg Doskocil

«Die Waise»

Am frühen Weihnachtsabend kam ich am hell erleuchteten Waisenhaus unserer Großstadt vorbei. Die große, dunkle Tür öffnete sich ein wenig, und ein Junge, vielleicht 11 Jahre alt, kam heraus in seinem etwas abgetragenen, aber warmen Janker, mit Pudelmütze und dickem Schal um den Hals. Diese Sachen waren wohl neu.

Er trottete die Allee entlang in Richtung Stadtpark. Seine Jackentaschen waren prall gefüllt. Ab und zu griff er hinein und steckte sich einen Kuchen oder Keks in den Mund.

Sicher war er gleich nach der frühen Bescherung dem Fest ausgewichen, um allein zu sein.

Ich folgte ihm unauffällig. Der Waisenjunge wischte den Schnee von einer Bank, klopfte den Handschuh ab und setzte sich. Just da schniefte eine kleine Promenadenmischung von Hund auf die Bank zu, setzte sich in hinreichender Entfernung von dem Jungen und schaute hinüber. Der Junge sah ihn sofort, zog ein Stück Keks aus seiner prallen Tasche und hielt es dem kleinen mageren Kerl entgegen. Dazu redete er leise und unentwegt auf das Hündchen ein, bis es seinen ganzen Mut zusammennahm und langsam so nahe kam, daß er den Bissen schnappen konnte. Gleich war ein neues Stück in der warmen Kinderhand.

Immer nahm der Junge auch ein Stück. «Ein Stück du, ein Stück ich», sagte er dabei, «ischa Weihnachten.» Der Tascheninhalt nahm langsam ab, und die Bäuche der beiden schwollen an.

Dann irgendwann wurde das Schweifwedeln stärker, der Hund mochte nicht mehr. Der Kleine ging zum Jungen, leckte ihm einmal über die Hand, drehte um, und ab ging's im Schweinsgalopp.

«Weihnachten», murmelte der Junge, stand auf und trottete in Richtung Waisenhaus.

Am sogenannten Drittfeiertag sah ich die beiden wieder im Stadtpark, bei der gleichen Beschäftigung. Diesmal unterhielten sie sich schon lebhaft. Der Junge hatte so viel, auch altes, trockenes Brot in der Tasche, daß auch noch die Vögel etwas abbekamen. Man hatte ihm wohl gesagt, daß das Brot alt und trocken sein müsse, denn er prüfte die Brocken für die Vögel, damit sie nicht krank würden.

Am Tag drauf ging ich dem Jungen hinterher zum Waisenhaus. Konnte ihn einer netten, jungen Pflegerin zeigen.

«Wie heißt er?» – «Wie heißen Sie denn? Der hat doch nichts ausgefressen, der bestimmt nicht!» – «Nein, nein, ich habe ein Sparbuch für ihn, hundert Mark sind drauf.» Ich nannte meinen Namen und erzählte kurz ‹unsere Geschichte›.

«Fein für ihn, er heißt Joachim Voss, genannt Jockel.» Ich schrieb den Namen hinein. «Sie bringen ihm das mit dem Sparbuch bei?» – «Natürlich, gerne.» – «Meinen Namen haben Sie sicher wieder vergessen?» – «Ja, wenn Sie das so wollen.»

Jedes Jahr wuchs Jockels Sparbuch um hundert Mark, und ich konnte die beiden im Stadtpark immer wieder beobachten. Der kleine Hund aber wurde immer asthmatischer, bis eines Tages Jockel allein und traurig auf seiner Bank saß. Er war nun hoch aufgeschossen, ein intelligentes und sympathisches Gesicht.

Inzwischen mit dem Sparkassendirektor gut bekannt geworden, bat ich ihn, ein Auge auf dieses Sparbuch zu haben.

«Sparbuch?» fragte ich immer mal, selten genug. «Okay.»

Na also. Aber eines Tages sagte der Direktor: «Er braucht noch ein paar Tausend dazu. Ein Imbiß.» «Gib sie ihm, ich steh grade dafür.»

Beim großen Supermarkt hatte ein kleiner Imbiß eröffnet. Ich erkannte ihn sofort. Sehr jung noch, aber wendig. Ich aß bei ihm. Jedes Jahr kamen weiter meine hundert Mark auf sein Sparbuch. «Sparbuch?» fragte ich dann wieder den befreundeten Direktor. «Okaystens!» sagte er und grinste.

Im Jahr später war der Imbiß rundherum zugebaut und sehr hübsch eingerichtet und warm. Eine nette Frau arbeitete darin, seine Frau. Wieder einige Jahre später ging's um so viel Geld, daß ich eine Weile überlegte. «Gib's ihm», sagte ich dann. «Ein Hotel steht an», antwortete der Direktor.

Noch einige Jahre später: «Sparbuch?» Der Direktor lächelte. Er ging einem Kunden bis zur Tür entgegen, begrüßte ihn sehr höflich. Dann kam er wieder: «Das war dein ‹Sparbuch›, er hat jetzt viel mehr als du!»

Ich bin dann in sein Hotel gegangen und habe den beiden ‹unsere› Geschichte erzählt.

Als Pate zur Taufe schenkte ich dem Wurm ein Sparbuch über einhundert Mark.

Zu Weihnachten.

Ruth Husner

Als der Weihnachtsmann auf Plüschpuschen kam

Voll innerer Spannung warteten wir auf die Bescherung, meine drei großen Geschwister und ich, gerade fünf Jahre alt. Eng zusammen saßen wir auf einem Bett im dunklen Kinderzimmer. «Wenn man aus dem Dunklen kommt, strahlt der Weihnachtsbaum noch heller», hatte mein Bruder gesagt.

Also saßen wir im dunklen Raum. Nur die Straßen-beleuchtung ließ etwas Licht ins Zimmer. Im Strahl des Lichtscheins sah man ganz kleine Schneeflocken tanzen. Meine Schwester legte den Arm um mich und summte leise ein Weihnachtslied. Plötzlich knisterte irgend etwas, die Spannung war kaum noch zu ertragen. Mein Herz pochte stark und auch mein rechter Zeigefinger. Meine Schwestern hatten mir beigebracht, einen Topflappen zu stricken, als Geschenk für unsere Mutter. Es war gar nicht so leicht ge-wesen, die Maschen von der Nadel zu kriegen, in meiner Zeigefingerkuppe war ein richtiges kleines Loch von der spitzen Stricknadel. Aber nun lag der Topflappen, nachdem meine älteste Schwester ihn in Form gezogen und gebügelt hatte, hübsch verpackt auf meinem Schoß. Meine Schwe-ster hatte aufgehört zu summen, es sprach keiner mehr, wir lauschten auf das Klingeln des Weihnachtsmannes.

Ich erinnerte mich noch genau, wie es im Jahr zuvor ge-wesen war. Da wir keinen Vater mehr hatten, machte alles Mutter, und sie öffnete dem Weihnachtsmann, nachdem er geklingelt und geklopft hatte, die Wohnungstür. Er stapfte dann den langen Korridor entlang ins Wohnzimmer. Nach einiger Zeit stapfte er zurück, und bald darauf durften wir in das Weihnachtszimmer. Da strahlten die Kerzen im Tannen-baum, und auf dem Gabentisch saß für mich die heiß-ersehnte Puppe.

Die Schneeflocken wurden größer und glitzerten im Lichtstrahl, sie tanzten und wirbelten. Ich hätte mich auch gerne bewegt, ich konnte kaum noch stillsitzen, und es kribbelte auch überall. Doch irgend etwas hemmte mich und ließ mich starr dasitzen. Warum verging die Zeit nur so langsam? Meine großen Geschwister fingen an zu tuscheln. Ich versuchte ganz leise noch einmal mein Gedicht aufzusa-gen, aber es gelang mir nicht.

Dann endlich klingelte es und klopfte an der Wohnungs-tür. Unsere Mutter öffnete sehr schnell und sagte: «Guten

Abend, Weihnachtsmann, das ist aber lieb, daß Sie schon kommen.»

Er war also da! Nun mußte er den Korridor entlangstapfen, ich horchte und horchte, aber er stapfte nicht.

Erst kicherten meine Schwestern, dann lachte mein Bruder, dann hörte ich unsere Mutter kichern und sagen: «Ei verflixt.» «Ich glaube», kicherte meine älteste Schwester, «der Weihnachtsmann kommt in diesem Jahr auf Plüschpuschen.»

«Vielleicht bringt er sich neuerdings Puschen mit, um den Fußboden zu schonen, wie im Schloßmuseum», meinte meine andere Schwester. «Mir ist es gleich», sagte mein Bruder, «er kann gerne in Plüschpuschen kommen, Hauptsache ist für mich, daß ich bekomme, was ich mir wünsche.» Dann kicherten und lachten sie wieder.

Mir wurde ganz beklommen ums Herz, wie benahmen sich nur meine schon so großen Geschwister, zumal der Weihnachtsmann noch in der Wohnung war.

Dann ging der Weihnachtsmann wieder fort, gehört hatte ich ihn wieder nicht, aber unsere Mutter sagte sehr laut: «Auf Wiedersehen, Weihnachtsmann, und vielen, vielen Dank.»

Als das Glöckchen läutete, stürmten wir ins Weihnachtszimmer, ich als Kleinste voraus. Der Weihnachtsbaum strahlte, und der Gabentisch war reich gedeckt. «Frohe Weihnachten, Kinder!» rief unsere Mutter und lachte. Dann sagte sie zu den Großen: «Der Weihnachtsmann wird immer vergeßlicher», und lachte wieder. Ich fand das nicht, er hatte alles gebracht, was ich mir gewünscht hatte, und für meine Geschwister auch. Dann bekam unsere Mutter ihre Geschenke, sie fand meinen Topflappen wunderhübsch. Als ich dann mein Gedicht aufsagte, es klappte auf einmal wieder, schaute ich unsere Mutter an. Hübsch sah sie aus. Sie hatte das Kleid an, das sie sonst nur anzog, wenn sie ins Theater ging, und auch die lange Halskette hatte sie angelegt. Nur eins war seltsam: an den Füßen trug sie Plüschpuschen.

Manfred Sähn

Silvesterweihnacht

Eigentlich war es ein Weihnachtsfest wie jedes andere. Niemand ahnte vorher, welch ein Unterschied zwischen diesem und den vorangegangenen Festen liegen würde. Denn, wenn auch auf nichts in unserer liebenswerten, aber chaotischen Familie Verlaß war, so doch auf die immer wiederkehrende drehbuchhafte Gestaltung des Heiligen Abends. Besonderer Wert wurde auf die strengste Einhaltung aller möglichen Rituale gelegt. So wurde z. B. genau um 6 Uhr abends die Bescherung zelebriert: Auf die Sekunde genau mußten die Kinder das Weihnachtszimmer betreten, die Kleinsten voran, gefolgt von den größeren. Sekunden später wurden die Kerzen angezündet, und ziemlich genau eine Minute nach 6 Uhr wurde «Stille Nacht» gesungen. Mutter begann weitere dreißig Sekunden später zu weinen, um gleich darauf mit ihrem Schluchzen durch das Jaulen des Dackels und des großen Jagdhundes übertönt zu werden, denen unser Gesang anscheinend in den Ohren weh tat. Wir Kinder bekamen regelmäßig gegen Ende der dritten Strophe so das Lachen, daß auch die gestrengen Blicke des Vaters nicht mehr wirkten. Unser Vater – auch das gehörte dazu – war wie immer mit einer von Fischblut verschmierten Hemdmanschette erschienen, weil der Karpfen, um auch wirklich frisch zu sein, erst unmittelbar vor der Bescherung sein kümmerliches Badewannendasein beenden mußte.

Ebenso wiesen die bunten Teller eine sorgfältig ausgewählte, nie veränderte Mischung aus Quittenbrot, Marzipankartoffeln, weißen und braunen Keksen, einer Tafel Schokolade, Stollen, Nüssen und Obst auf. Einzig mein bunter Teller machte eine Ausnahme, denn auf ihm lag ebenfalls in schöner Regelmäßigkeit ein Ananas-Marzipanbrot von meiner Patentante Mariechen, und in diesem Brot steckte Jahr für Jahr – auch sie liebte weihnachtliche Korrektheit –, zu meiner Freude und zum Neid meiner Geschwister, ein Geldschein. Dieser wurde mit den Jahren im Wert dem Alter jeweils angepaßt, und ich war damit der Reichste unter uns Geschwistern. Von diesem Geld konnte ich mir, sehr zum Leidwesen meines Bruders, gleich nach Weihnachten Silvesterböller, Heuler und Knallfrösche kaufen, die ihn mangels eigener Finanzkraft Jahr für Jahr vor Neid erblassen ließen. Aus diesem Grund wünschte er sich – und das war eine weitere Besonderheit unserer Weihnachtsfeste – ganz dringend und unbedingt ein richtiges Silvester-Böller-Sortiment. Ein solcher wichtiger Wunsch wurde, sofern er bescheiden genug war, nur in den seltensten Fällen verwehrt.

Unser Weihnachtsfest lief zunächst wie immer ab:

Vater entzündete die Lichter und anschließend eine Anzahl von Wunderkerzen. Wir sangen «Stille Nacht», Mutter weinte, die Hunde jaulten, und unter dem Weihnachtsbaum lagen sichtbar die dringlichen unbedingten Wünsche:

Für mich lag da die ersehnte ausgestopfte Ente, für die kleine Schwester ein halbmeterhoher Turm aus dunkelglänzenden Negerküssen und für die große Schwester ein Karton mit den begehrten weißen Mäusen. Für meinen Bruder aber, das erkannte ich mit fachmännischem Blick, lag dort eine fein zusammengebundene Auswahl herrlicher Raketen, Kracher und Frösche.

Es muß etwa zum Ende der dritten Strophe gewesen sein: Wir schauten alle zu Vater, der mit zwei Stücken Wurst die jaulenden Hunde zum Schweigen bringen wollte. Bei dieser Aktion hatte er wohl – so vermuteten wir später – mit seinem Hinterteil eine der sprühenden Wunderkerzen vom Baum geschüttelt, ohne daß dies einer von uns bemerkt hatte. Ich vernahm nur noch ein kurzes Zischen, als auch schon der erste Böller detonierte und mit diesem Erstschlag ein kurzes, aber heftiges Inferno einleitete, das mir noch heute lebhaft in den Ohren und vor Augen ist. Wie eine Feuerwalze raste das gut verschnürte Feuerwerkssortiment durch das Weihnachtszimmer und nahm dabei gleich meine Ente mit, so daß sie hinterher aussah, als wäre sie in eine Asphaltmaschine geraten. Wir Kinder warfen uns auf Vaters Zuruf «Deckung» auf den Fußboden und zogen den Teppich vor uns als Schutz hoch. Vater versuchte beherzt, mit einer Perserbrücke des durchs Zimmer rollenden Kugelblitzes Herr zu werden. Dabei stieß er einen fremdländischen, fürchterlich klingenden Fluch aus, den er mir erst Jahre später in deutscher Sprache sagen wollte.

Die Hunde sprangen, wohl in Erinnerung an die letzte Treibjagd, wie rasend durch den Raum – zum Glück entwischten ihnen die in der Zwischenzeit auch aus dem Karton entwichenen weißen Mäuse. Bei einem seiner ersten Hechtsprünge muß Vater auch die Negerküsse übersehen haben, sie klebten ihm jedenfalls vor Brust und Hosenbeinen. Gewaltig detonierten die Kanonenschläge unter dem Biedermeiersofa, und fast rührend wurde die gesamte Szene von den inzwischen aufsteigenden farbigen Raketen aus den Florentiner Tüllgardinen beleuchtet.

Genauso plötzlich, wie der Spuk begonnen hatte, endete er auch. Schwer stand der Geruch von Pulver im Raum. Vater trat und schlug noch glimmende Funken aus. Dann war es ganz still. Die Hunde hechelten. Vaters Atem ging heftig. Ansonsten absolute Stille, wir hielten die Luft an – wußten wir doch, was Weihnachten für die Eltern bedeutete. Von fern klang Glockengeläut.

Mutter hatte sich die ganze Zeit überhaupt nicht gerührt. Sie stand noch immer wie angewurzelt vor dem Baum. Irgendwann knipste mein Bruder das Licht an. Mutter schaute sich um – sie sah in ihrem blauen, festlichen Kleid und ihrem sorgfältig frisierten blonden Haar absolut makellos aus – und wandte sich meinem Vater zu. Dieser hielt noch immer die versengte Brücke in den Händen und sah aus, als sei er gerade aus einem Ofenloch gekrochen. Sie schauten sich wortlos an, bis meine Mutter, zu unser aller Befreiung, ausrief: «Hans-Otto, wie siehst du nur aus!» um gleich darauf schallend loszulachen – so wie ich es mein Lebtag selten von ihr gehört habe. Es war ein Lachanfall, der nicht endete, und irgendwann mußten auch Vater und wir Kinder lachen.

Es wurde dann trotz allem ein ungewöhnlich fröhlicher Heiligabend, und als wir – nur unwesentlich verspätet – in all dem Chaos unseren Weihnachtskarpfen aßen, bemerkte Vater verschmitzt: «Unseren Silvesterkarpfen könnten wir ja nun eigentlich sparen!»

Helenita Jancke

Mein ganz persönlicher Weihnachtsmann

Der Dezember war in meiner Kinderzeit überhell von doppelter Erwartung.

Mein Geburtstag am 21. wurde zu Hause in der Großstadt mit einem kleinen Tannenbaum gefeiert, unter dem winzige Päckchen lagen. Mein Vater bereitete das Karpfenessen, und dann musizierten wir. Es war wohl, so begriff ich später, das Ehepaarweihnachten. Das Fest für die kleine Familie mit 2 Kindern. Es war Mitte der dreißiger Jahre, und das große materielle Wünschen hatte noch keine wesentliche Bedeutung. Um so mehr hatte der Tag schon nach dem Erwachen alle Erwartungen übertroffen, wenn mein Wunsch nach «Geburtstagsschnee» in Erfüllung gegangen war. Der dunkelste Tag des Jahres war dann schon von draußen ganz hell.

Am 22. fuhren wir aus der Großstadt in die Kleinstadt zu den Großeltern. In den großen Haushalt mit Gesellen und Lehrling und dem lustigen Hausmädchen. Zu der geliebten körperbehinderten Großmutter, die immer da war. Die nie nervös schien, die immer zu erzählen wußte und gern zuhörte. Die trotzdem souverän den großen Haushalt führte, der der Mittelpunkt der ganzen Großfamilie war. Und die einen so herrlichen Platz für ein Kind in ihrem Rock hatte, weil ihre Füße auf der Fußbank standen. In diesem Tuchsessel verbrachte ich so manche winterliche «blaue Stunde», wenn in der Ofenröhre des Kachelofens die Bratäpfel dufteten. Erst zum Verschmausen wurde Licht gemacht.

Um solche Stunde vor Heiligabend kam auch einmal der Weihnachtsmann. Polternd, laut klopfend kam er herein. Ich erschrak fast zu Tode, und auch meine Großmutter schien mir ungewohnt verunsichert. Er war zuerst nicht besonders freundlich, fragte allerlei und erwartete Antwort. Vor Angst fielen mir die Antworten kaum ein. Aber dann wurde er ganz milde, lobte mich wegen mancher Dinge und meinte, ich könne doch sicher ein Gedicht aufsagen, bevor er uns beschenken würde. Bei diesem Gedicht blieb ich stecken vor Aufregung und drehte mich hilfesuchend nach meiner Großmutter um. Da sah ich Tränen in ihren Augen, als sie mir weiterhalf. Diese Tränen haben mich zutiefst berührt. Tränen um mich!

Mit diesem Eindruck verwischt sich in meiner Erinnerung, was dann noch geschah.

Ein paar Jahre später wollten Schulkameraden plötzlich wissen, daß es den Weihnachtsmann nicht wirklich gibt. Eine Welt drohte einzustürzen. Ich hatte ihn doch erlebt. Vielleicht sei es der verkleidete Onkel gewesen, zweifelte merkwürdigerweise nun auch meine Großmutter. Ich wollte und wollte es nicht glauben.

Das große Weihnachtszimmer im Kerzenlicht mit dem Riesentisch, auf dem jeder sein Gabenplätzchen hatte. Wo für mich Träume von heißersehnten Spielsachen in Erfüllung gingen. Wo es so herrlich und ganz besonders duftete. Wo so viele zauberhafte Glitzersachen am zimmerhohen Tannenbaum zu bestaunen waren. Das sollte Menschenwerk sein? Niemals!

An diesem Heilignachmittag, es war schon die erste Dämmerung angebrochen, übergab mir die Großmutter den Auftrag, ein Gabenpaket zu ihrer Masseuse zu bringen. Sie wohnte ein paar Minuten zum Stadtrand hin, in einer engen Straße mit niedrigen schmalen Häusern. Unser Lehrling Gerd sollte mich begleiten. Er war ein hübscher junger Mann, in den ich auf meine kindliche Art verliebt war. So in feiner Kleidung kam er mir noch schöner vor.

Unter unseren Füßen knirschte der «Geburtstagsschnee», der nun «Weihnachtsschnee» war, und er glitzerte in dem spärlichen Licht der Gaslaternen, wie er nur zu Weihnachten glitzert. Wir gingen Hand in Hand durch die Altstadtstraße, und kein Mensch begegnete uns. Wir sprachen auch ganz wenig. Aber ich fühle noch heute: wenn Gerd sprach, klang es ganz melodisch und sanft.

Da hörte ich in der Schneestille dieses Heiligabend, wie auf der anderen Straßenseite eine Haustür geöffnet wurde und erst ganz langsam, kaum sichtbar, sich etwas Dunkles und danach eine rote Gestalt aus der Tür bewegte, auf die Straße trat und nach ein paar Schritten im Nebenhaus verschwand. Meine Augen mußten sich sehr anstrengen, und dann glaubte ich, ihnen nicht trauen zu können. So schnell war der Augenblick vorbei. Ich fragte Gerd: «Hast du ihn auch gesehen?»

«Ja, das war der Weihnachtsmann», sagte er ganz selbstverständlich. Das war die Gewißheit, heute war Heiligabend.

Und wenn alle Welt es besser wissen wollte, so wußten sie eben nichts. Es gab ihn also doch. In mir war große Freude.

Wir gingen schweigend weiter Hand in Hand in der glitzernden Winterkälte. Das ärmliche kleine Haus der alten Masseuse mit dem mir fremden Geruch erschien mir hell.

Zu Hause erzählte ich nur so nebenbei unser Erlebnis, ich wollte es in mir bewahren, und nichts hätte mich beeindruckt, was dazu gesagt worden wäre. Von nun an vermied ich auch in Kinderkreisen, von diesem Thema zu hören und zu reden.

Ein oder zwei Jahre später kam die Nachricht, daß unser Lehrling im Krieg gefallen sei. Die Familie war sehr bedrückt. Es war der erste Soldatentod in unserer Umgebung. Zum Tod hatte ich sicher noch keine rechte Beziehung, aber ich trauerte. Doch in mir erstand bei dieser traurigen Nachricht wieder der Weg mit Gerd am Heiligabend. Mit dieser Gewißheit «Es gibt ihn doch» entstand in mir ein Denkmal für diesen jungen Mann, dessen Nachnamen ich nie gewußt habe.

Das Weihnachtserlebnis ist in mir erwachsen geworden, und ich habe es meinen Kindern weitergegeben, als sie alt genug dafür waren. Laßt ihn uns bewahren, den Weihnachtsmann. Lassen wir uns darin nicht stören von den vielen, die mit ihm Geschäfte machen wollen. Lassen wir ihn in uns leben als den Knecht der Liebe unseres Kindes in der Krippe.

Peter-Heinz Reicher

Die Leihgabe

«Können Sie für fünf Minuten mein Vater sein?»

«Wie bitte?»

«Ob Sie bitte für fünf Minuten mein Vater sein können?» fragte der zehnjährige Junge den Mann, der als letzter den Bus am Segeberger ZOB verließ.

«Was ist denn los, will einer was von dir? Hast du eine Wette abgeschlossen?» fragte der Mann hastig und verwirrt.

«Nein», sagte der Junge einfach.

«Was soll denn das?»

«Ich habe meiner Klasse versprochen, daß mein Vater mich heute zur Schule bringt.»

«Aber warum versprichst du denn so etwas», erwiderte der Mann ärgerlich, «und wo ist denn überhaupt dein Vater?»

Der Junge senkte den Kopf: «Ich hab keinen.»

In diesem Moment verspürte der Mann den brennenden Wunsch, dem Jungen zu helfen. «Komm», sagte er plötzlich, «führt dieser Weg zur Schule?»

Der Junge nickte etwas beklommen.

«Du mußt mir in Kurzform einiges von dir erzählen, was du gerne spielst, am liebsten ißt und so weiter.»

Der Junge begriff nun erst, was er angestellt hatte, aber es gab kein Zurück mehr. Deshalb erzählte er munter:

«Ich heiße Markus, bin zehn Jahre alt, lebe mit Mutti allein, habe keine Geschwister, aber eine Katze, die Mucki heißt – warum, weiß ich nicht mehr genau. Ich fahre gern Rad, spiele Fußball und baue große Türme aus Legosteinen. Ich esse gerne Schnitzel mit Pommes und Schokoladenpudding, hinterher natürlich. Ich höre gerne Musik und sehe am liebsten Krimis im Fernsehen…»

«Wohl einige zuviel», betonte der Mann lächelnd, «aber weiter.»

Markus überlegte kurz, dann wurde er plötzlich ganz lebhaft: «Da kommt Klaus. Er ist mein Freund. Ich habe ihm erzählt, daß Sie auf Montage arbeiten und deshalb selten zu Hause sind.»

«Ach, wie schön», meinte der Mann sarkastisch.

«Hallo», rief Klaus und: «Guten Morgen, Herr Herdinger!» sagte er höflich und ging schnell vorbei.

«Guten Morgen, Klaus», entgegnete der Mann freundlich, dachte aber grimmig, daß er nun nebst Sohn auch einen neuen Namen erhalten hatte.

«Du mußt jetzt erst mal nicht mehr *Sie* sagen, sondern *du*, probier es mal.»

Markus schaute den Mann offen an und sagte: «Hallo Papi.» Erstaunt sah der Mann den Jungen an.

«Das klingt direkt echt», meinte er anerkennend. Markus grinste.

«Da kommt wieder ein Pulk von Kindern, sind auch welche aus deiner Klasse dabei?»

«Ja», sagte Markus schnell, «vier.»

«Erzähl mir etwas Aufregendes, wir müssen uns mehr unterhalten, sonst riechen deine Kameraden den Braten.»

Markus stellte sich dicht vor den Mann und erzählte, durch Hände und Arme untermalt, von dem Zusammenbruch seiner größten Burg und schloß: «...ich habe alles wieder aufgebaut. Das war vielleicht eine schwere Arbeit.»

«Guten Morgen», sagten einige Stimmen dazwischen, und der Mann winkte lässig zurück. Im Vorbeigehen schauten die Klassenkameraden zu den beiden hin, sahen, wie Markus' Vater auf die Uhr schaute, der Junge einige Schritte auf das Hauptgebäude zuging, plötzlich erschrocken stehenblieb und dann wieder zu seinem Vater zurückging.

Der Mann hatte sich zum Schluß der Verwandlung auch etwas einfallen lassen. «Keinen Abschiedskuß heute?» fragte der Mann lauernd. Markus stand wie aus Stein gehauen, aber nur wenige Sekunden. Dann meisterte er auch diese Situation. Er legte die Arme um den Hals des Mannes, der sich vorgebeugt hatte, verteilte aber keinen Kuß, wie seine Klassenkameraden meinten, sondern flüsterte leise ins rechte Ohr: «Vielen Dank!» Der Mann flüsterte zurück: «Gern geschehen, du Schlingel.»

Dann lief Markus winkend davon, und auch der Leihvater ging wieder zum Busbahnhof, wo er in den abfahrbereiten Bus nach Hamburg stieg.

An diese Geschichte mußte Günter Stegmann denken, als er mit Mühe die vielen Weihnachtspakete unter den Tannenbaum schob. Auch die zweite Begegnung mit Markus fiel ihm ein. Genau vierzehn Tage später, an einem diesigen Novembermittag, ging Günter zum Marktplatz hinunter. Vor sich sah er Markus gehen, und er beschleunigte seine

Schritte. Als er mit Markus auf gleicher Höhe war, sprach er ihn an. Der Junge erschrak und stotterte ein leises «Hallo». Die Begegnung war ihm peinlich, weil ihm Muttis Vorwürfe und Schelte einfiel, als er ihr die Geschichte erzählt hatte. Günter aber plauderte munter mit dem Jungen, und allmählich taute Markus auf. Nun erfuhr der Mann auch, daß Markus' Mutter mit einem gebrochenen Arm im Krankenhaus lag, daß seine Oma heute abend noch aus Trappenkamp zu ihm kommen würde und daß Mucki drei Tage verschwunden war, nun aber wieder gesund und munter in ihrem Korb lag. Günter lud den Jungen zum Essen ein, und bei Zigeunerschnitzel und Pommes ließ es sich herrlich plaudern.

Nach dieser Begegnung besuchte Günter Markus' Mutter im Krankenhaus. Diesem Treffen folgten weitere, und heute wollten sie gemeinsam den «Heiligen Abend» verbringen.

Es klopfte an der Tür.

«Was ist?» rief Günter.

«Ist Mutti bei dir?» rief Markus fragend von der Tür her.

«Nein», sagte Günter, «vielleicht ist sie im Bad. So groß ist die Wohnung doch nicht, daß sie uns hier verlorengeht.» Markus lachte.

«Nicht durchs Schlüsselloch schauen», sagte Günter eindringlich, als es vor der Tür verdächtig still wurde. «Natürlich nicht, Vati, ist doch Ehrensache!»

Zehn Minuten später begann das große Auspacken der reichlichen Geschenke, aber das wertvollste Geschenk hatte er schon am Vortag bekommen, als er seiner Mutter und Günter die Verlobungsringe überstreifen durfte.

Der Abend verlief so ruhig und harmonisch, daß Markus erst gegen ein Uhr ins Bett fand. Als Claudia und Günter noch ins Zimmer kamen, um ihm eine gute Nacht zu wünschen, öffnete Markus nur das rechte Auge, sah die beiden Erwachsenen, war glücklich und sagte müde: «Ihr seid ein hübsches Paar!»

Sie schauten sich lächelnd an, und Claudia meinte sanft: «Wir haben ja auch einen hübschen Jungen.»

Doch Markus hörte es schon nicht mehr. Er war schnell in eine Traumwelt versunken, die voll war mit glitzernden Tannenbäumen, mit Lichtern und einem Bus, aus dem zwei Menschen ihm freundlich zuwinkten.

Magda Bils

Engelsgeläut

Tante Lieschen war gekommen, für uns Kinder war Heiligabend ohne sie nicht denkbar. Sie half uns ungeduldigen sechs Rangen die letzten Stunden bis zur Bescherung zu ertragen und zu verkürzen.

Während meine Eltern die Weihnachtsstube herrichteten, saßen wir in der Wohnküche. Unsere Gedichte, fein säuberlich auf extra dafür bestimmte Weihnachtsbogen übertragen, wurden von Tante Lieschen nochmals abgehört. Ebenso sorgte sie dafür, daß wir sauber gewaschen und hübsch angezogen vor den Tannenbaum traten.

Obwohl wir Kinder wußten, daß die Bescherung erst abends um acht erfolgte, horchten wir in den Korridor hinein, ob das feine Klingen aus der Stube noch nicht ertönte. Dieses feine Klingen war für uns das Zeichen, daß die Kerzen am Christbaum angezündet waren, die letzte Handhabung der Eltern vollzogen war.

Endlich hörten wir es, zuerst die Klänge, dann das Umdrehen des Schlüssels in der Zimmertür.

Unwahrscheinlich artig und leise traten wir in die feierlich geschmückte Stube. Ich sah den großen, bis zur Decke reichenden, bunt und glänzend geschmückten Baum, die vielen Päckchen und Spielsachen darunter.

Dann hing mein Blick fasziniert an der Zimmerdecke. Dreimal der sich drehende flackernde Schein, ausgelöst vom Engelsgeläut, der Tannenbaumspitze. Drei Engel trugen je einen Teller, an dem jeweils drei Ketten mit einer Perle befestigt waren. Diese drehten sich durch die Wärme der Kerzen und schlugen an drei unterschiedlich große Glocken an, so daß es einen Dreiklang ergab von wunderbarer Süße. Engelsgeläut!

Dieses zarte Klingen erfüllte mein Herz mit Freude und Glück, unbeschreiblich schön.

Wir wuchsen heran, doch der Heilige Abend blieb uns in seiner alten Form erhalten.

Der Krieg machte diesem Zauber ein Ende, wir mußten die Heimat verlassen.

Ich heiratete in Hamburg, und bald darauf hatten Alf und ich eine kleine Tochter. Unsere Weihnachtsfeste gestalteten wir so gut es ging in Anlehnung an zu Hause. Unser Tannenbaum wurde von Jahr zu Jahr größer, bis auch er vom Fußboden bis zur Decke reichte. Nur das Engelsgeläut fehlte, und es gab kein Weihnachten, ohne daß ich davon erzählte. Von Tante Lieschen, die uns diese wunderbare Tannenbaumspitze aus dem Erzgebirge einmal mitgebracht hatte, und wie es bei uns zu Hause war.

Inzwischen war unsere Deern sechs Jahre alt geworden, und wieder stand Weihnachten vor der Tür. Mein Mann hatte die Aufgabe übernommen, den Christbaum und das Zimmer zu schmücken. Ich hingegen hatte Mühe, unsere Kleine zu besänftigen, bis das Messingglöckchen ertönte, das den Einlaß ins Zimmer erlaubte.

Freudig traten wir ein, doch gebannt blieb ich stehen. Ein Schauer rieselte durch meinen Körper. Das ist doch nicht möglich, dachte ich, mein Gott, das Engelsgeläut! So lieblich schön, wie damals zu Hause. Tränen des Glücks schossen mir in die Augen, verschwommen sah ich auf den Weihnachtsbaum, konnte nichts erkennen.

Betroffen nahm Alf mich in den Arm und trocknete meine Tränen.

Ich suchte an der Zimmerdecke nach dem flackernden Schein der sich drehenden Teller. Nein, da war nichts, aber das wundersame Klingen blieb. Langsam faßte ich mich, lauschte und tastete mit meinen Blicken den Tannenbaum ab.

Das Jauchzen unserer Tochter nach dem Entdecken des ersehnten Spielzeugs brachte mich in die Wirklichkeit zurück. Auch das Klingen wurde langsamer und verebbte.

«Was war das, Alf?» fragte ich.

Er ging zum Baum und holte aus den dichten Zweigen eine Spieluhr, eingebaut in ein Puppenradio. Die Melodie des Frühlingsliedes «Alle Vögel sind schon da» hatte ich nicht herausgehört. Für mich war es *mein* Engelsgeläut, und meinem Alf war ich für diese Bescherung unendlich dankbar und von Liebe erfüllt.

Gerhart Asche

Nachkriegsweihnachtstannenbaumkerzen

Ich sehe sie noch wie heute vor mir, die Weihnachtskerzen des Jahres 1946. Nie wieder hat ein Christbaum für mich so wunderschön, so intensiv gestrahlt wie damals.

Ich war ein Kind, und für Kinder gab es zum Weihnachtsfest eine Kerze. Pro Kind eine Kerze, wohlgemerkt, käuflich zu erwerben unter Einlösung des entsprechenden Abschnittes auf der Lebensmittelkarte. Und just ein paar Tage vor diesem zweiten Nachkriegsweihnachtsfest fand mein Vater auf einem Trümmergrundstück, das er aufzuräumen half, einen dicken Klumpen Wachs. Einen Wachsklumpen, der beim Angriff vielleicht aus einem Bündel Kerzen zusammengeschmolzen und jetzt staub- und rußdurchsetzt war und grau und häßlich aussah. Aber es war Wachs, und aus Wachs konnte man Kerzen machen. Viel mehr Kerzen als die eine, die uns laut Lebensmittelkarte zustand.

Bis ins Detail ist mir unsere dann eilends installierte Wachsgießerei im Gedächtnis. Aus biegsamem Karton – sogar, daß er von einem Kalender stammte, erinnere ich – wurden Formen ausgeschnitten: ein Kreis für den Boden; ein Rechteck, das zusammengebogen die Seitenbegrenzung für die entstehende Kerze darstellte. Boden und Seitenwand wurden verklebt, ein Wollfaden in die Mitte der Hohlsäule gespannt, und das flüssig gemachte Wachs, das beim Erhitzen recht unangenehm roch, wurde hineingegossen. Fast zwanzig Kerzen erhielten wir auf diese Weise – ein Schatz, wie ihn in jenen dunklen Nachkriegszeiten außer uns wohl nur eine Familie mit annähernd zwanzig Kindern ihr eigen nennen durfte.

Und alle zwanzig strahlten und leuchteten sie an unserem Nachkriegsweihnachtstannenbaum, den mein Vater durch stundenlanges Anstehen auch noch irgendwo ergattert hatte. Sie strahlten und leuchteten und gaben beim Brennen einen infernalisch dicken Dunst von sich, der unsere Wohnstube durchzog und die Luft fast bis zum Schneiden verdichtete.

Den Gestank habe ich längst vergessen und nahm ihn damals wohl nicht einmal wahr. Was mir geblieben ist, unverlierbar geblieben, das ist das Strahlen und Leuchten dieser selbstgegossenen Nachkriegsweihnachtstannenbaumkerzen, die in ihrer äußeren Unscheinbarkeit es fertiggebracht hatten, das Dunkel jener Zeit so unvergeßlich zu erhellen.

Rosemarie Exner

Riesengebirgs-Weihnacht

Meinen Kindern habe ich immer erzählt, wie wir zu Hause Weihnacht gefeiert haben.

Immer zur Weihnachtszeit gehen meine Gedanken weit fort ins Riesengebirge, in meinen Heimatort. Dort kam vor Weihnachten Knecht Ruprecht mit Rute und Sack, auch das Christkind war dabei, mit langem, weißem Kleid und goldenen Flügeln. Es fragte nach den Wünschen, die waren sehr klein, ein Püppchen und Süßigkeiten, das sollte es sein!

Nun endlich war Heilige Nacht, ob wohl das Christkind hatte alles gebracht? Doch bis zur Bescherung war noch lange Zeit, erst kam der Kirchgang, der Weg war weit, die Kirche war im Nachbarort. Der Schnee knirschte unter den Schuhen dabei, ab und zu fuhr ein Pferdeschlitten vorbei. An manchen Fenstern sah man den Weihnachtsbaum mit seinen brennenden Kerzen stehn. Welch eine Freude kehrte bei uns ein, würde es zu Hause auch so sein?

Zuerst ging es in den Stall, gefüttert wurde das Vieh, mit doppelter Ration, auch sie sollten merken, es weihnachtet schon. Der Vater ging in den Garten hinaus und lud die Bäume und Sträucher ein, auch bei uns Gast zu sein. Die alten Leute sagten: «Nach alter Sitte sprechen Vieh und Bäume in der Weihnachtsnacht, was ihnen das Jahr Gutes gebracht.» Als dieses nun getan, waren wir mit Essen dran. Blutwurst, Sauerkraut, Kartoffelbrei, Fleisch und Fisch standen auf dem Tisch, und die Mohnklößel durften auch nicht fehlen. Schnell wurde aufgewaschen und dabei gelauscht, ob das Christkind nicht gerade jetzt durch den Flur rauscht. Ein Glöckchen klingelte, die Mutter rief uns in das Zimmer, vor uns stand der Weihnachtsbaum in seiner ganzen Pracht mit Kugeln, Baumbehang und Kerzen. Die alten

Weihnachtslieder wurden gesungen und jetzt die Geschenke ausgepackt.

Zum Schluß gab es noch Glühwein, Mohnsemmel und Pfefferkuchen. Als man dann im Bett lag, hoffte man etwas sehr Schönes zu träumen. Von der Weihnachtsnacht an und in den darauffolgenden 11 Nächten mußte man sich merken, was man geträumt hatte. (Jede Nacht stand für einen Monat im neuen Jahr.) Nur wenn man das Geträumte für sich behielt, ging es in Erfüllung.

Barbara Michalsky

Weihnachten!

O ja, Weihnachten! Wenn ich daran denke, bekomme ich ein seltsames Kribbeln im Bauch. Wir sind eine ganz normale Familie. Weihnachten beginnt bei uns am Heiligen Abend morgens beim Aufstehen. Mein Mann läßt sich durch dieses Fest nicht aus der Ruhe bringen. Nur alles ruhig angehen lassen, meint er. Ja, das ist leichter gesagt als getan. Christina, unsere jüngste Tochter, kommt um halb sieben und fragt, wann wir denn endlich aufstehen wollen. Ihre Augen haben schon jetzt einen seltsamen Glanz. Wir haben doch so viel Zeit, sagt mein Mann. Aber ich bin wach, und das Kribbeln im Bauch verstärkt sich. Britta, unsere Älteste, ist von ihrer Schwester auch schon «aus Versehen» geweckt worden. Wir frühstücken ganz gemütlich und versuchen, den weiteren Tagesablauf, der fast jedes Jahr der gleiche ist, zu besprechen. Erst einkaufen gehen, sonst ist es überall so voll, versuche ich vorzuschlagen. Nein, ihr habt uns versprochen, daß wir erst den Tannenbaum holen, sagt Britta. Eins nach dem anderen, beschwichtigt mein Mann, und ich beginne schnell mit dem

Abräumen. Was bekommt eigentlich Rudi zu Weihnachten, und darf er auch raus bei der Bescherung? Er gehört schließlich auch zur Familie, drängelt Christina. Wir werden sehen, meine ich und stelle mir vor, wie Rudi, unser Nymphensittich, die Bescherungszeremonie mit seinem Krähen und seiner Neugier bereichert. Britta stellt in diesem Zusammenhang fest, daß es grausam und herzlos sei, die arme Ente, die unser Weihnachtsessen krönen soll, nur wegen uns zu schlachten und mögen täte sie sie sowieso nicht! Ich aber, sagt Christina grinsend, und ich kann nicht umhin, eine gewisse Härte darin zu entdecken.

Nun ziehen wir vier los, den Baum zu holen. Wir haben ihn schon Wochen vorher gekennzeichnet, und jetzt wird er abgesägt. Unsere Kinder fanden in der Zeit einen, man kann sagen mageren Stengel mit ein paar Zweigen, der auch mal ein Baum werden sollte, und sind über alle Maßen traurig, daß dieser nie das Glück haben würde, als prächtig geschmückter Weihnachtsbaum in einer Stube zu stehen. Zu Hause angekommen, kramten beide in der Weihnachtskiste und verschwanden mit ein paar Sternen. Als sie zurückkamen, leuchteten ihre Augen. Wir haben das kleine Tannenbäumchen geschmückt. Nun sieht es nicht mehr so traurig aus. Auch aus unserem Baum wurde ein Prachtstück, und die Kinder meinten stolz, schade, daß er nicht für immer hier stehenbleiben kann.

Die Ente hat wider Erwarten auch unserer Britta gut geschmeckt, und zufrieden, aber sehr aufgeregt, verschwanden beide in ihren Zimmern. Um 20 Uhr war Einbescherung. Unsere Kinder hatten diesmal, anstatt ein Gedicht aufzusagen, zusammen ein Weihnachtslied auf der Blockflöte einstudiert. Auch Rudi gefiel es, und er stimmte mit Pfeifen und Krähen ein. Ihm gefiel auch der festlich gedeckte Tisch, so daß ich alle Mühe hatte, ihn aus den bunten Weihnachtstellern herauszubekommen. Nachdem nun alle ihre Geschenke bewundert hatten und wir noch Weihnachtslieder zusammen sangen, ließ auch das Kribbeln in meinem Bauch nach. Es wich einer wunderbaren inneren Ruhe und Dankbarkeit darüber, daß ich so glücklich sein darf mit dieser Familie.

Hans Nerenz

Ein weihnachtliches Abenteuer

Das, was wir Weihnachten zu Beginn der dreißiger Jahre erlebt haben, war wirklich einmalig. Ich war damals gerade sechs und mein Bruder zehn Jahre alt.

Wir hatten ein kleines Wochenendhaus auf Waltershof, das lag auf der anderen Seite der Elbe. Fast den ganzen Sommer verbrachten wir dort. Für uns Kinder war das ein Paradies. Aber im Winter sollte es dort noch schöner sein. «Einmaliges Abenteuer», so sagte unser Nachbar immer. Bei uns Jungen regte sich die Abenteuerlust. Wir malten es uns in den herrlichsten Farben aus. Schneehütten bauen, auf den Eisschollen herumschliddern, toll! Unser einziger Weihnachtswunsch war: Weihnachten auf Waltershof. Unsere Eltern hatten viele Einwände, sie waren nicht sehr begeistert. Schließlich gaben sie nach, und wir waren selig. Endlich war es soweit! Mein Vater kaufte zwei Tannenbäume. Einen größeren für die Wohnung und einen kleinen für Waltershof. Am Morgen des ersten Weihnachtstages ging es los. Wir hatten einen Blockwagen, und der wurde vollgepackt mit allem, was wir brauchten. Es war sehr kalt, ein eisiger Wind wehte. Unsere Begeisterung war schon etwas abgekühlt. Aber unsere Nachbarn waren ja bereits dort, und die wollten schon kräftig einheizen. Wir rumpelten mit unserem Blockwagen zur Anlegestelle. Kopfschüttelnd sah man uns nach. Auch auf dem Dampfer hielt man uns für eine merkwürdige Familie.

Der «Fastmoker» war erstaunt, daß wir in Athabaskahöft aussteigen wollten. Mit unserem Wagen rumpelten und pumpelten wir dann los. Die übrigen Fahrgäste standen an der Reling und sahen uns grinsend nach. Wir waren nicht zu übersehen und nicht zu überhören. Hier war es noch viel kälter. «Es gibt Schnee», rief mein Vater. Aber es antwortete niemand. Bei dem eisigen Wind erstarb uns jedes Wort auf den Lippen. Das Abenteuer begann, aber die Lust war vorüber.

Nach fast einer Stunde erreichten wir unser Häuschen. Aber es war niemand da. Weit und breit auch nicht das kleinste Rauchwölkchen. Wir waren allein. Hände und Füße waren steifgefroren. Uns klapperte sogar das Herz im Leib. Mein Vater holte Holz und Kohlen aus dem Schuppen. Da wir auch im Sommer auf dem Herd kochen mußten, war für Feuerung gesorgt.

Im Häuschen war es so eisig wie in einer Gruft. Am liebsten hätte ich jetzt losgeheult. Aber als dann das Feuer im Herd prasselte und meine Mutter für heiße Getränke und Essen gesorgt hatte, da ging es uns schon wieder besser. Im Schein der Petroleumlampe wurde der Tannenbaum geschmückt. Es wurde schnell dunkel. Mein Vater versuchte, die Pumpe in Gang zu bringen, damit wir uns waschen konnten. Aber wer dachte bei der Kälte schon ans Waschen. Es war jetzt ganz behaglich. Das Feuer knisterte im Herd, und meine Mutter erzählte uns Geschichten von früher. Sie stimmte ein Weihnachtslied an, und wir sangen mit, alle Strophen. Wir waren alle sehr glücklich. Ich habe selten wieder so ein wunderbares Zusammengehörigkeitsgefühl im Familienkreis gehabt wie an diesem Abend. Es war spät, als wir endlich zur Ruhe kamen. Mutter packte jedem einen heißen Ziegelstein ins Bett, und dann schliefen wir ein.

Aber erst am nächsten Morgen sollte das Abenteuer beginnen. Wir waren eingeschneit. Was sollte nun werden? Müßten wir nun alle sterben? Ich zitterte vor Angst. Mutter tröstete uns und meinte: «Jetzt wird erst einmal kräftig gefrühstückt, und dann müssen wir überlegen, wie wir hier wegkommen.» Ja, ja, das wollten wir alle von Herzen gern. Im Schuppen stand ein Schlitten, den hatten wir im Sommer bereits hierhergeschafft, und einen alten Rucksack fanden wir auch noch. Wir nahmen nur das Wichtigste wieder mit. Meine Mutter machte Tee und schmierte Butterbrote. Mein Vater holte einen Spaten und einen Besen aus dem Schuppen. Gemeinsam versuchten wir nun, die Tür zu öffnen. Es gelang tatsächlich.

«Das ist ja entsetzlich, soviel Schnee. Wie wollen wir das schaffen mit den Kindern?» Mutter war ganz mutlos. Aber wir trösteten sie, waren wir doch froh, daß es heimwärts ging. Mein Vater rechnete mit drei Stunden für den Rückweg zum Dampfer. Tapfer schoben wir los. Voran mein Vater mit Rucksack und Spaten, wir Kinder mit dem Schlitten und meine Mutter mit dem Besen hinterher. Wir mußten uns wirklich durch den Schnee fressen. Durch Schneeverwehungen lagen manchmal Eisberge vor uns. Mit dem Spaten schlug mein Vater Stufen hinein. Mühsam kletterten wir hinterher. Auf freien Strecken saßen wir, in warme Decken gehüllt, auf dem Schlitten.

Den Dampfer erreichten wir im letzten Augenblick. Viele Fahrgäste waren fassungslos, wie Eltern ihren Kindern so was zumuten können. Unsere armen Eltern mußten sich allerlei anhören.

Zum Glück war es dunkel, als wir nach Hause kamen. Unser Aufzug war nicht gerade festlich. Als wir die Tür aufschlossen und in die Wohnung kamen, da jubelten wir.

Jetzt erst waren wir alle glücklich und zufrieden.

Das war ein schönes Weihnachtsfest.

Schottische Weihnachten

Mein erstes Weihnachtsfest fern von meinen Eltern und meiner Heimat verbrachte ich als Lernschwester in Glasgow.

Mit gemischten Gefühlen sah ich Weihnachten entgegen. Heimweh plagte mich, und ich fühlte mich so manches Mal in der Vorweihnachtszeit allein gelassen. Ich sehnte mich nach dem Duft der Weihnachtsbäckerei und erinnerte mich allzugern daran, wie wir Geschwister mit fieberhafter Spannung verfolgen konnten, wie die Anzahl der liebevoll verpackten Geschenke auf der Dielentruhe wuchs. Von Tag zu Tag wurden es in der Zeit vor Weihnachten mehr. Aber andererseits wuchs auch meine Neugier, sollte ich doch zum erstenmal ein schottisches Weihnachten verbringen.

Ich hatte in Glasgow eine Freundin gefunden, ebenfalls eine Lernschwester. Sie bemühte sich, all meine traurigen Gedanken zu verscheuchen, und versprach mir, in Schottland ein Weihnachtsfest zu erleben, an das ich mich später gern erinnern würde. Sie versprach mir nicht zuviel.

Weihnachten begann für mich mit einem langen, sehr schönen Telefongespräch meiner Eltern. Danach war ich befreit und munter und freute mich auf den Verlauf des Heiligabends. Es war gegen 17 Uhr. Auf den Stationen waren alle Türen der großen Krankensäle weit geöffnet. Überall brannten Kerzen. Wir Krankenschwestern legten unsere Capes an, welche außen blau und innen rot gefüttert waren. Am Heiligabend nun wendeten wir die Capes. So schritten wir ganz in Rot mit der brennenden Kerze in der Hand die langen Flure entlang und sangen Weihnachtslieder. Wenn wir vor den geöffneten Türen der Krankensäle haltmachten und in die auf uns gerichteten Augen sahen, überkam uns ein wunderschönes Gefühl. Dann trat jemand aus unseren Reihen hervor und verkündete die Weihnachtsgeschichte... mir zuliebe. Da wurde mir klar, daß es eigentlich gar nicht so schwer ist, Freude zu schenken, und Weihnachten ist ja nun einmal das Fest der Liebe. Aber der Heilige Abend war ja noch nicht vorbei. Meine Freundin nahm mich an die Hand, und wir liefen hinunter auf die Straße in Richtung Markt. Es war eine sternenklare Nacht, bizarr und ganz weiß leuchtete der frisch gefallene Schnee ringsherum. Wir hatten es eilig. Wir lachten und schwatzten, und unser Atem wehte wie ein durchsichtiger Schleier vor unseren Gesichtern.

Wir kamen am Marktplatz an. Dicht gedrängt standen hier schon Menschen, Erwartung lag in der Luft. Meine Freundin flüsterte, sie wüßte einen guten Platz, von dem man den ganzen Marktplatz überschauen könnte... bis hinunter zum Fluß Clyde. Wir drängelten und schoben uns durch und standen endlich da, wohin mich meine Freundin lotsen wollte. Der Anblick war erhebend: über die Köpfe der großen Menschenmenge hinweg glitt unser Blick hinunter zum Fluß. Da lagen Ozean-Riesen vor Anker, hell erleuchtet, über die Toppen geflaggt. Trotz der vielen Leute auf dem Marktplatz war es still... eine himmlische Ruhe lag über dem Platz und über uns der sternenklare Himmel. Dann begann ein Chor zu singen, und wir stimmten alle mit ein. Eine Dreiviertelstunde lang sangen wir gemeinsam Weihnachtslieder, Carol-singing nennt man es. In den Pausen zwischen den Liedern legte sich wiederum Stille über den Platz, wurde unterbrochen durch das Anstimmen der Lieder durch den Chor, und wir fielen mit einer solchen Begeisterung in die Weisen ein, daß es wie ein Aufbrausen war. Mir war so, als wenn die Stimmen zum Himmel aufstiegen und weit ins Land hineinwehten. Ich fühlte mich eins mit all den Leuten ringsherum, wie «in Familie», und es war mir so, als wenn ich gerade in diesem Moment einen heißen Draht nach oben hatte... zum lieben Gott.

Das Carol-singing war vorbei. Wie auf leisen Sohlen bewegten sich die Leute davon; die einen heimwärts, andere drängte es, in die Messe zu gehen, denn auf der anderen Seite des Marktplatzes sah ich das weit geöffnete Portal. Der Kirchenraum wirkte auf Distanz halb dunkel. Meine Freundin und ich sahen uns an. Wir dachten beide das gleiche, und unsere Schritte bewegten sich automatisch auf dieses geöffnete Tor zu. Ein Gottesdienst am Heiligabend, wie zu Hause, dachte ich. Einer wie alle anderen? Wir standen ja noch unter dem Eindruck des Carol-singing, als uns die leidenschaftlich vorgetragene Predigt aus der andächtigen Stimmung riß und uns zwang, genau hinzuhören. Eine Ermahnung – wie mit Lettern geschrieben – pflanzte sich in meine Gedanken, und ich vergaß sie nie. Der Pastor donnerte von der Kanzel herunter: Versucht zu handeln nach dem Motto:

Der Zweitbeste ist nicht gut genug!

War es die Weihnachtsstimmung, war es mein begeisterungsfähiges Alter, daß ich mir schwor, nach diesem Leitwort zu leben?

Renate Schwarz

Der Streuselkuchen

Die Kindheit liegt schon weit zurück, doch ich erinnere mich genau an jedes Weihnachtsfest zu Hause im Kreis der Familie. Wir waren drei Geschwister; eine drei Jahre ältere Schwester, dann kam ich und nach mir ein vier Jahre jüngerer Bruder. Mutter hatte durch uns viel Arbeit, aber sie tat alles gern, nie klagte sie. Gerade zu Weihnachten fiel mir das besonders auf. Sie nähte, backte Bleche voll herrlicher Plätzchen, auch leckeren Kuchen. Sie fühlte sich wohl in ihrer kleinen Welt, trotz allem. Vater ging seiner Arbeit nach; seine Aufgabe war zu Weihnachten nur, das Tannenbäumchen zu besorgen und auszuschmücken. Er nahm es immer sehr genau damit. Die Tanne mußte ganz gerade gewachsen, die Zweige mußten einer wie der andere sein. So einen Baum zu finden, war nicht leicht, doch es klappte immer. Die Wohnstube war für uns Kinder Heiligabend tabu, erst nach dem Kirchgang durfte sie betreten werden.

Wir wohnten nicht weit von der Kirche entfernt. Die Glokken waren somit nicht zu überhören. Vater, der immer zu Hause blieb, wußte also genau, wann wir eintrafen. Er brauchte nur aus dem Fenster zu schauen und konnte die ganze Straße übersehen. So wußte er, wenn wir im Anmarsch waren. Das Tannenbäumchen bekam seinen letzten Schliff, die Kerzen wurden angezündet. Wie jedes Jahr mußten wir Kinder uns noch einmal ordentlich die Haare kämmen, Hände waschen, dann erst war der große Augenblick, in dem wir in die Lichterglanzstube eingelassen wurden. Es war jedes Jahr dasselbe, alles exakt, das Lametta, die Kugeln, die Süßigkeiten so ordentlich, es hing aber auch nicht ein Teilchen am Weihnachtsbäumchen schief. Die üblichen Geschenke wurden ausgepackt, die Freude war immer sehr groß. Dann kam der Moment, den ich persönlich haßte. Es mußten Weihnachtslieder gesungen werden. Mir gefiel das gar nicht, denn die ganze Familie verlor Tränen dabei, ja, selbst der strenge Vater mußte welche unterdrücken. Ich mußte immer am meisten weinen. Warum, weiß ich nicht. Es lag wohl an der ganzen Atmosphäre, der Feierlichkeit. Aber wehe, ich sang nicht mit, dann war was los. Ich kann bis heute nicht begreifen, warum dieser Zwang da war, wenn doch alle heulten. Es mußte wohl so sein, weil das Singen zu jedem Fest gehört. Ich war immer froh, wenn der Kampf vorbei war.

Nun muß ich aber von einem Weihnachtsfest berichten, das für mich ganz anders ausging.

Erst verlief alles wie sonst. Mutter hatte in jenem Jahr

einen Streuselkuchen gebacken. Das Kuchenblech strahlte mich schon am Nachmittag förmlich an, dann dieser Duft, der in der Luft lag, diese dicken Streusel obendrauf, einfach lecker. Die Versuchung war sehr groß, ja, ich konnte nicht widerstehen und knipste mir kleine Stückchen ab. Meinem Bruder gab ich auch etwas, doch ich aß mehr davon. Es dauerte natürlich nicht lange, bis Mutter das merkte. «Wer war das?» Warum diese Frage? Mein Bruder war zu klein, meine Schwester aß nicht gern Süßes, ich war als Naschkatze bekannt. Die Frage war also überflüssig. Kurzum, ich bekam welche hinter die Ohren, durfte nicht mit in die Kirche und mußte mich ins Bett legen.

Wir selbst hatten noch kein Telefon, doch unser unmittelbarer Nachbar. Laut hörte ich Mutter sagen: «Ich gehe jetzt zu Kamrahts und rufe von dort aus an, daß sie dich heute noch abholen vom Birkenhof.» Die Korridortür klappte zu. Birkenhof, das muß ich erklären, ist in Hannover ein Heim für schwererziehbare Kinder. Egal, was immer ich auch anstellte während meiner Kindheit, mir wurde damit gedroht. Ich weinte ununterbrochen in meinem Bett. Die unmöglichsten Gedanken gingen durch meinen Kopf. War es denn so schlimm, was ich angestellt hatte? Dafür für immer in dieses Heim? Ich zitterte am ganzen Körper, flehte zum lieben Gott, er möge es nicht geschehen lassen. Da lag ich nun unter meiner Bettdecke, schwitzend vor Angst, und wartete, was da kommen würde.

Wieder ging die Korridortür, und ich konnte Stimmen hören, doch nicht, was gesprochen wurde. Es war wohl die ganze Aufregung. So wartete und wartete ich Stunden.

Die Kirchenglocken läuteten schon, also mußte Mutter sich doch mit den anderen beiden Geschwistern langsam auf den Weg zur Kirche machen. Nun hörte ich, daß sie losgingen. Ich lauschte immer nur auf die Haustürglocke und wann man mich abholte. Es war grausam, was ich durchmachte.

Gott sei Dank, es kam nicht so! Mein Flehen zum lieben Gott hatte wohl doch etwas genützt.

Dieses Weihnachtsfest vergesse ich natürlich nie, solange ich leben werde. Den Birkenhof gibt es heute noch, und da mein Mann und ich in Hannover leben, bleibt es nicht aus, daß ich auch außerhalb der Weihnachtszeit an diese schrecklichsten Stunden meiner Kindheit erinnert werde.

Möge kein Kind dieser Welt so etwas erleben.

Peter Spangenberg

Woronin spielt Mundharmonika

Der Junge hatte eines Tages die Mutter gebeten, seinen Freund einladen zu dürfen. Da sie längst um die tiefe Bindung der beiden wußte, stimmte sie gern und sofort zu. Der russische Kriegsgefangene Michael Woronin hatte dem Jungen das Schachspielen beigebracht. Wirkliche Freunde waren sie geworden und erzählten sich gegenseitig von Dörfern, Menschen und Tieren.

So also kam dieser Dezembertag im Jahr 1944. Die Mutter hatte alles liebevoll vorbereitet. Schmalz stand auf dem Tisch und selbstgemachter Käse lag daneben. Das Brot ruhte fast feierlich auf der Holzplatte. «Unser täglich Brot gib uns heute» war in den Teller eingeschnitzt.

Da klingelte es an der Tür. Wie ein Wiesel flitzte der Junge zum Eingang, riß die Tür auf und – erstarrte.

Vor ihm standen zwei deutsche Soldaten.

Ob jemand zu Hause sei?

Natürlich! Klar. Ja doch, stammelte er, die Mutter.

Ob sie hereinkommen könnten?

Der Junge zögerte. Was würde mit Michael? Wenn er gerade jetzt käme?

Ohne ein Wort zu sagen, ließ der Junge die Soldaten an der Tür stehen, eilte in die Küche, hastete die Nachricht heraus. Was würde die Mutter sagen? Sie entschloß sich sofort, ging zur Haustür, bat die Soldaten herein und forderte sie auf, ihre langen Mäntel abzulegen.

Major Hauglitz, stellte sich der eine vor.

Oberleutnant Marxleben, ergänzte der andere die kleine Szene. Seine schwarze Uniform machte dem Jungen großen Eindruck.

Bitte, treten sie näher, sagte die Frau unbeholfen und konnte nicht verhindern, daß ihr hektisch-rote Flecken den Hals hinaufkrochen.

In der Küche blieben die Männer wie angewurzelt stehen, sahen die Lichter, den gedeckten Tisch, spürten die Wärme.

Sie erwarten Besuch?

Ja.

Wir möchten nicht stören.

Sie stören nicht.

Und wie sie stören, dachte der Junge.

Sie stören wirklich nicht, beteuerte die Frau.

Nachdem wir aus dem Lazarett kamen, begann Marxleben, mußten wir unsere Einheiten suchen. Ein Lastwagen nahm uns mit. Es ist eben alles durcheinander.

Sie stören wirklich nicht, wiederholte die Frau.

Sie merkte, daß alles immer peinlicher wurde.

Die Männer nahmen Platz, die Frau goß Kaffee ein, den sie aus gebrannten Lupinen gezaubert hatte. Sie saßen nun alle am Tisch, erste Sätze über das Woher und Wohin wurden getauscht, über die Zeiten, über den Krieg und über den Frieden. Es klingelte. Der Junge sprang auf, hochrot im Gesicht, und ging langsam zur Tür. Michael! Da stand er. Endlich. Jetzt müßte ein Wunder geschehen.

Was ist los mit dir, Brüderchen? fragte Woronin sofort. Mit scharfem Blick hatte er die Veränderung des Jungen erkannt.

Nichts. Gar nichts. Wirklich nichts, stotterte der.

Brüderchen, wir wollten immer ehrlich zueinander sein. Will deine Mutter nicht, daß ich komme? Hast du Angst? Bin ich wieder der Feind?

Nein! – Der Junge begann zu weinen.

Da legte der Russe seinen Arm um ihn, und wie im Traum führte der Junge den Gefangenen zur Küche. Er öffnete die Tür und sagte schluchzend:

Das ist Michael, mein Freund.

Der Russe übersah die Situation sofort, erkannte die Uniformen, die Dienstgrade, war nur für Sekunden verlegen, verbeugte sich dann leicht und sagte mit befreiendem Lächeln:

Michael Woronin, Leutnant der Roten Armee, 24 Jahre, unverheiratet, Gefangener in diesem Dorf.

Die beiden deutschen Offiziere erhoben sich. In ihren Gesichtern zeichnete sich ungläubiges Staunen ab. Woronin verbeugte sich leicht vor der Frau und sagte schlicht:

Ich danke für die Einladung.

Mit diesen Worten übergab er ihr ein schmales Päckchen. Die Männer standen und schwiegen. Die Mutter wickelte das grobe Papier ab und hielt ein geschnitztes, wundervoll gearbeitetes Holzkreuz in Händen.

Wieso? – brach es aus ihr heraus. – Wieso?

Weil ich vom Brüderchen weiß, daß Ihr Herz daran hängt.

Es begann alles im Stall von Bethlehem ... tönte es plötzlich durch den Raum.

Sie sahen zu dem Sprecher: Da stand Oberleutnant Marxleben mit einem Gesichtsausdruck, als hätte er das Selbstverständlichste von der Welt gesagt. Dann ging er auf den Russen zu, die Männer schüttelten sich die Hände, Hauglitz schloß sich an. Die Frau stellte noch zwei Gedecke auf den Tisch, der Kaffee roch plötzlich nach Bohnen, das Schmalz schmeckte nach Frieden. Marxleben erzählte, daß er mitten aus seiner Kirchenmusikerausbildung an die Front gekommen sei, Hauglitz berichtete aus der Landwirtschaft und Woronin erzählte aus der Steppe. Dann zog er die Mundharmonika aus der Tasche und spielte. Die beiden Deutschen trommelten mit den Fingern. Hauglitz bat den Russen um das Instrument, setzte es an die Lippen, Woronin stand auf und tanzte zu den Melodien des Majors.

Draußen war es dunkel geworden. Die Kerzen strahlten, der Gefangene tanzte, und irgendwo tobte der Krieg. Weit weg.

Walter Striezel

Das vierblättrige Kleeblatt

Wenn ich an meine Kindheit zurückdenke, so wandern die Gedanken zuerst zu meinen drei Freunden. Wir waren unzertrennlich und wurden von unseren Eltern liebevoll Das vierblättrige Kleeblatt genannt. Ich war der Jüngste von uns vieren und war natürlich sehr stolz darauf, zu diesem Kleeblatt zu gehören.

Kurz vor unserem Haus hatten wir eine wunderbare Rodelbahn. Das war eine Bahn mit allen Schikanen. Es gab eine große Holper, eine sehr gefährliche Kurve, und am Ende der Bahn mußte eine enge Begrenzung durchfahren werden. Wir vier waren natürlich die Meister auf unserer «Hausbahn», und respektvoll machten uns die anderen Kinder Platz, wenn wir zum Rodeln kamen.

Unter dem Berg, in den Felsen eingehauen, befand sich der Keller einer Brauerei, in welchem die großen Eisblöcke gestapelt wurden, die man im Winter aus dem nahen See heraussägte. Sie wurden im Sommer zum Kühlen gebraucht. Es gab damals ja noch keine Kühlschränke und keine großen Kühlräume.

Am Rande des Sees stand natürlich im Winter eine große Tafel mit der Aufschrift: «Eislaufen auf eigene Gefahr!»

Einen Tag vor Weihnachten verabredeten wir uns zum Schlittschuhlaufen. Das Wetter war wunderbar, zwar recht kalt, aber das hat uns Buben überhaupt nichts ausgemacht. Wir hatten Weihnachtsferien und wollten sie natürlich gut nutzen, denn immer nur auf der Rodelbahn zu sein, machte uns auch keinen Spaß. Also gingen wir Schlittschuh laufen. Peter brachte seinen Hund mit, und wir tollten zusammen vergnügt auf dem Eis herum. Nach einer Weile kamen wir auf die Idee, einen Wettlauf auf dem Eis zu veranstalten. Wir wollten sehen, wer von uns der schnellste Schlittschuhläufer war. Allerdings konnten wir dabei den Waldi nicht zwischen uns herumspringen lassen. Er wurde also für diese kurze Zeit an einen Weidenbaum gebunden. Die Hundeleine war ja lang genug und er konnte trotzdem noch herumtollen.

So, jetzt ging es los. Peter war als erster Läufer an der Reihe. Als einziger von uns besaß er schon eine Uhr. Die wurde zum Zeitnehmen gebraucht, und der Sekundenzeiger sollte darüber bestimmen, wer der Schnellste war. Die Strecke über den See wurde von uns vieren bestimmt, und auf das Kommando «Los» stürmte er davon. Nach etwa 40 Metern hörten wir es krachen, und Peter war im Eis eingebrochen. Wir konnten ja nicht wissen, daß am Tag zuvor an dieser Stelle Eisblöcke herausgesägt worden waren, denn über Nacht hatte sich dort bereits wieder eine dünne Eisdecke gebildet. Peter schrie laut um Hilfe, und wir drei anderen waren vor Schreck ganz durcheinander. Da kam ich als Kleinster auf den Gedanken, die Hundeleine müßte her, damit wir Peter herausziehen könnten.

Herbert war der Längste von uns. Er legte sich vorsichtig einige Meter von der Einbruchstelle entfernt flach auf das Eis, die Hundeleine in den Händen. An den Füßen hielt Werner ihn fest, ebenfalls lang auf dem Eis liegend. Ich mußte Waldi am Halsband festhalten, denn er wollte unbedingt zu

Peter ins Wasser. Aber da hätte er ihm ja nicht helfen können. Nach einigen Fehlgriffen konnte Peter endlich die Hundeleine packen. Er hielt sie fest, und Herbert und Werner zogen, so doll sie konnten. Endlich hatten sie es geschafft, und Peter war aus dem kalten Wasser heraus. Was wir dann alles durcheinandergebrüllt haben, weiß ich nicht mehr. Herbert rief mir zu, ich sollte laufen so schnell ich könne und Hilfe holen. Vor allen Dingen warme Decken mitbringen. Unser Haus war ja nicht weit entfernt. Nach kurzer Zeit kam ich zu Hause an, rief nach Vater und sagte ihm, was passiert war. Schnell holten wir den Schlitten, legten Decken darauf und rasten wieder zurück zum See. Vater schimpfte unterwegs tüchtig und drohte uns allen Prügel an, daß uns der Hintern noch Tage danach weh tun sollte. Herbert und Werner kamen uns bereits mit Peter auf den Armen entgegen, alle erschöpft und verheult. Vater packte den Unglücksraben in warme Decken auf den Schlitten, und im Eiltempo ging es zu uns nach Hause. Mutter hatte inzwischen heiße Milch mit viel Honig bereitgestellt. Trockene Sachen von mir lagen auch schon da. Peter wurde ausgezogen, tüchtig abgerubbelt, und dann mußte er meine Sachen anziehen. Er sah darin recht lustig aus, denn sie paßten ihm kaum. Aber die Hauptsache war ja, daß er schön warm gehalten wurde.

Als er sich etwas erholt hatte, fuhren wir mit ihm und Vater zu seinen Eltern. Ihr Erschrecken war natürlich sehr groß, aber die Freude darüber, daß doch noch alles gut ausgegangen war, überbrückte alles.

Am Heiligen Abend bekamen wir drei anderen eine Einladung von Peters Eltern zum Kaffee. Festlich herausgeputzt gingen wir hin und freuten uns, daß es Peter schon wieder ganz gut ging und er wohl nur einen tüchtigen Schnupfen von seinem unfreiwilligen Bad bekommen hatte.

Vor unseren Tellern lag für jeden ein kleines Päckchen. Peters Mutter sagte uns, wir sollten dies kleine Dankeschön von ihnen annehmen für die selbstlose Hilfe bei Peters Rettung.

Neugierig packten wir nun die Päckchen aus. Erstaunt und erfreut sahen wir, daß jeder von uns eine nagelneue Uhr bekommen hatte. Damit hatten wir natürlich nicht gerechnet, denn für uns war es eben selbstverständlich, daß wir Peter helfen mußten. – Übrigens, Vaters Prügel blieb auch aus. Er war selbst sehr froh, daß alles so gut ausgegangen war.

Von dem vierblättrigen Kleeblatt blieb ich als einziger noch übrig, denn Peter fiel im Luftkampf, Herbert und Werner sind auch gefallen, aber in meinen Erinnerungen sind wir immer noch das vierblättrige Kleeblatt.

Kurt Wartwig

Nordlicht

Heiligabend 1943 – fünf blutjunge Burschen waren als Soldaten an den nördlichsten Zipfel unseres Kontinents verschlagen. Sie hielten Wache am Nordkap. 19 Uhr war Ablösung, und sie kehrten in ihr Finnlandzelt zurück. Das war ein Gebilde aus Sperrholz, rund mit einigen Ecken, nicht viel höher als zwei Meter. Sah ähnlich aus wie Großmutters Käse- oder Butterglocke in vergrößerter Form. Die Behausungen waren völlig eingeschneit. Nur Eingeweihte fanden sie. In der Mitte befand sich ein Trichter, den das Ofenrohr in den Schnee schmolz.

Sturm kam auf, der eisig von der Tundra herüberblies. Die fünf banden sich an ein gemeinsames Seil, damit keiner verlorenging. Mühselig glitten sie auf Skiern zu ihrem Quartier. Dort oben war es jetzt Tag und Nacht dunkel. In das Zelt rutschten sie auf dem Bauch durch einen Schneetunnel. Alle waren froh, das Ziel erreicht zu haben. Der Schneesturm nahm zu. Von Weihnacht sprach keiner. Die Stimmung war

mürrisch. Kein Christbäumchen, keine Kerze, selbst die er-
hofften Festpakete aus der Heimat trafen nicht rechtzeitig
ein. Das Leben war unvorstellbar karg in dieser Einöde. Kein
elektrischer Strom, kein fließendes Wasser, keine Wasch-
räume und Toiletten.

Die Benzinlampen wurden in Gang gebracht und der in
der Mitte stehende Kanonenofen auf Touren getrimmt. Jeder
spürte, daß der andere an zu Hause dachte, aber keiner ließ
seine Seele sprechen.

Schnell einen heißen Tee mit Rum, in die Koje fallen und
die fünf Decken über den Kopf ziehen. Jedoch, es konnte niemand einschlafen. Wir setzten uns zu einer Skatrunde zusammen. Der Tundrasturm sang in unserem Ofenrohr. Geredet
wurde nach wie vor nicht.

Mitternacht kam heran. Plötzlich sagte einer: «Horcht, der
Sturm hat seine Puste verloren.» So schnell wie er kam, zog
er vorbei.

Dann wollten wir noch eine Prise frische Luft atmen. Im
Zelt stand der Raucherqualm scheibendick. Mit einem Kameraden kroch ich nach oben. Als wir die Schneeverwehung
endlich durchbrochen hatten, verschlug uns der Anblick, den
die Natur uns schenkte, den Atem!

Über uns ein gewaltiger Dom schönsten Nordlichts. In
riesigen Kaskaden flimmerten gelbe und weiße Lichtstangen.
Die Sicht war klar und alles wie im Traum erleuchtet. Das
Eismeer wogte noch vom überstandenen Sturm. Die riesige,
weite Schneelandschaft glitzerte wie Tausende von Diaman-
ten. Wir riefen die anderen drei nach oben, damit sie dies
Phänomen miterlebten.

Unsere beiden Katholiken knieten nieder, und wir Prote-
stanten folgten ihnen. Einer sagte: «So ähnlich muß es in
Bethlehem gewesen sein, als der Erzengel erschien und die
Frohe Botschaft verkündete.

Über uns kam eine große Frömmigkeit, Glaube und Hoffnung sangen in uns. Ich murmelte ein Gebet, daß wir diesen

grausamen Krieg überstehen und die ferne Heimat wieder-
sehn mögen. Wir fanden wieder Kontakt zum christlichen
Glauben, den die damaligen Machthaber uns über Jahre nahmen.

Für uns fünf war auf einmal die Weihnacht erschienen.

Wieder im Zelt, hockten wir im Kreis um den Kanonenofen. Einer von uns, der so gern Philosophie studieren
wollte, machte den Vorschlag, daß jeder der Reihe nach von
seiner schönsten Weihnacht daheim erzählen sollte. Diese
Nacht hielt uns wach bis zum frühen Morgen, bis zur nächsten Wache.

Der Morgen war zwar auch dunkel, aber unser Leben war
erhellt.

Wir kamen immer wieder auf das Wunder dieser Licht-
erscheinung zu sprechen. Ich sah nie wieder so ein phantasti-
sches Nordlicht!

Wie soll man es deuten? Wir fünf jungen Männer überstanden wohlbehalten den Zweiten Weltkrieg, und die Heimat
nahm uns wieder auf.

Elisabeth Wernecke

Zum erstenmal allein

1956 hätten mein Mann und ich zum erstenmal das Weihnachtsfest für uns allein feiern können. Wir hatten im März
56 geheiratet und waren von unseren Familien im Harz in den
norddeutschen Raum gezogen. Ich hatte bis dahin mit meiner Mutter und drei Schwestern zusammengelebt. Weihnachten war es bei uns immer sehr gemütlich gewesen.

Nun kam das Weihnachtsfest immer näher, das ich allein –
getrennt von meiner Familie – mit meinem Mann in der

neuen Heimat feiern wollte. In der Adventszeit mußte ich aber schon im stillen an mir arbeiten, um das aufkommende Heimweh zu unterdrücken. Es ging auch gut – bis zum Heiligen Abend.

Wir wohnten damals in einem kleinen Dorf nahe der Kreisstadt. Der Weihnachtsbaum in unserer kleinen Wohnung war schon geschmückt. Die Geschenke der Verwandtschaft, die mit der Post gekommen waren, lagen darunter und sollten am Abend ausgepackt werden. Am Morgen, gegen halb zehn etwa, fuhr mein Mann noch einmal in die Stadt, um die letzten Besorgungen zu machen. In dieser Zeit, in der ich für mich allein war, überfiel mich das Heimweh so stark, daß ich keine Kraft mehr hatte, das Fest allein zu gestalten.

Als mein Mann zurückkam, machte ich ihm den Vorschlag, alles einzupacken und nach Hause zu den Eltern zu fahren. Er überlegte eine Zeit und willigte ein.

Nun begann für meinen Mann und mich der erste gemeinsame Heiligabend. Alles, was wir für das Fest eingekauft hatten, mußte eingepackt werden, denn einen Kühlschrank hatten wir noch nicht. Es mußte schnell gehen. Der nächste erreichbare Zug sollte gegen 14 Uhr von einer Bedarfshaltestelle außerhalb des Dorfes abfahren. Und schnell ging es wirklich. Die notwendigen Kleidungsstücke verschwanden im Koffer, dazu die Geschenke. Die vorbereiteten Leckereien wie Mohn- und Topfkuchen, der schmackhafte Kartoffelsalat kamen in die Einkaufstasche, die Eier und das Suppenhuhn in einen Karton, Brot, Butter und Wurst steckte ich in einen Beutel. Zum Schmieren der Reisebrote war keine Zeit mehr. Voll bepackt, aber glücklich, verließen wir gegen halb zwei Uhr das Haus.

Unser Marsch durch das Dorf löste bei denen, die wir trafen und die um das Haus herum noch Ordnung schufen, Verwunderung aus. Denn wer verreiste hier schon – und dann noch Heiligabend? Aber alle wünschten uns ein frohes Weihnachtsfest, wir ihnen auch, aber besonders ich, denn mein

Heimweh war in freudige Erwartung auf ein Wiedersehen mit meiner Familie umgeschlagen.

An der Haltestelle der Bundesbahn waren wir rechtzeitig. Bald jedoch war die Abfahrtszeit überschritten, eine eventuelle Verspätung hatten wir schon eingeräumt, aber der Triebwagen kam nicht. Nahe der Haltestelle gab es zum Glück ein Gasthaus. Von dort aus telefonierte mein Mann zum Bahnhof. Ja, hieß es, der von uns erwartete Schienenbus führe wohl täglich, außer samstags – und Heiligabend rechnete nun einmal als Samstag. Die letzte Verbindung nach Nienburg gäbe es um 16.30 Uhr, und nach Nienburg mußten wir, um den Anschluß an die Hauptstrecke nach Hannover – Hildesheim zu bekommen.

Was nun? Alles abblasen? Wieder zurück durchs Dorf und allen die frühe Rückkehr erklären? Wäre es nach so einer zerschlagenen Vorfreude noch ein fröhliches Weihnachtsfest geworden? – Nein!

Da zu allem Pech die Gaststätte, von der aus wir telefoniert hatten, schloß, standen wir auf der Straße, besser gesagt auf einem Feldweg. Also, nun doch zurück! Nein, da hinten, an der Bundesstraße gelegen, gab es noch ein Gasthaus, und das hatte geöffnet. Hier konnten wir uns nach all den Strapazen, nach den Erwartungen und den zerschlagenen Hoffnungen mit einer kräftigen Hühnerbrühe stärken.

Rechtzeitig brachen wir wiederum auf, und alles verlief fahrplanmäßig: Der Schienenbus kam, wir hatten einen guten Sitzplatz, und bei dem Schaffner lösten wir unsere Fahrkarte. Ja, meinte er, er könne uns aber leider nur einen Fahrschein bis Nienburg, dem Anschlußbahnhof ausstellen. In Nienburg schafften wir es aber bestimmt nicht, eine Karte für die Weiterfahrt zu lösen, da wir nur fünf Minuten Aufenthalt hätten. Auf unsere Erkundigung, ob wir denn wenigstens wieder zurückfahren könnten, bedauerte der gute Mann und sagte, bald so verzweifelt wie wir, der nächste Zug von Nienburg zurück führe erst wieder am 1. Weihnachtstag mittags. So verbrachten wir zwar 1 ½ Stunden im warmen Zug, aber bangen Herzens, wie es wohl weiterginge. In den Häusern an der Bahn schimmerten bereits die Fenster vom Kerzenlicht der Christbäume.

Endlich kamen wir in Nienburg an. Mein Mann sprang die Treppe zum Bahnsteigtunnel hinunter, hastete den Tunnel entlang zur Schalterhalle – und ich, voller Angst, wir könnten den Wettlauf mit der Zeit doch nicht gewinnen, lief mit dem ganzen Gepäck meinem Mann hinterher. Da entdeckte ich ihn am Schalter, nur eine Frau war vor ihm, aber mit einem Hündchen auf dem Arm. Wie ich später erfuhr, löste die Frau eine Fahrkarte für ihren Hund – und das dauerte. Inzwischen rannte ich zurück durch den Tunnel. Der Zug rollte über mir ein, und als ich in der Treppenöffnung zum Bahnsteig auftauchte, setzte der Schaffner die Trillerpfeife an den Mund und hob mit der anderen Hand die Kelle, um dem Lokführer das Zeichen zur Abfahrt zu geben. Aber er hatte mich entdeckt und half mir ins Abteil. Nun war ich drin, und da kam auch schon mein Mann die Treppe hinaufgestürzt, sprang auf den anfahrenden Zug, und wir hatten es geschafft. Lange Zeit sagten wir kein Wort. Wir waren außer Atem, mir zitterten die Beine vom Laufen und Treppensteigen, die Arme vom Gepäcktragen. Wir fanden einen Sitzplatz und kamen langsam zur Ruhe. Die Hoffnung, daß wir zwischen 22 und 23 Uhr, noch am Heiligen Abend also, zu Hause wären, stieg. Ich war glücklich.

Schnell waren wir in Hannover. Nach längerem Aufenthalt ging es dann weiter nach Hildesheim. Wieder Aufenthalt. Dann aber erreichten wir endlich Seesen am Harz. Und von hier aus trennten uns nur noch wenige Kilometer vom ersehnten Ziel unserer Reise. Es war nun schon nachts halb zwölf. Aber der Schienenbus aus Richtung Goslar lief ein und wir konnten einsteigen. Nur packte der Fahrer seine Tasche und wandte sich dann an uns. Er fragte nach unserm Ziel. Dann eröffnete er uns, daß der Zug hier eine Stunde Aufenthalt hätte und er das Licht löschen müsse; aber die Heizung wolle er weiterlaufen lassen, damit wir es warm hätten. Die Hast war nun überstanden, das Ziel zu erreichen, war gewiß. Da konnten wir zum erstenmal an diesem Tag zu Brot und Wurst greifen und in Ruhe die arg strapazierten Kräfte wieder auffüllen.

Der Triebwagen stand etwas außerhalb des überdachten Bahnsteigs. Leise säuselte der Wind um den Wagen. Die trübe Beleuchtung des Bahngeländes tauchte das Innere des Wagens in ein Halbdunkel. Da tanzten auf einmal leichte weiße Flocken in der Luft, es fing an zu schneien. Und wenn es auch wie erdichtet klingen mag, die Flocken wurden größer und es schneite immer mehr. Der Bahnsteig trug bald eine geschlossene Schneedecke, und immer weiter wirbelten die Flocken im kegelförmigen Schein der Laternen. Die Stunde auf dem Bahnhof verdiente zu Recht den Namen Stille Nacht.

Dann näherten sich knirschende Schritte, der Schaffner und ein Fahrgast stapften durch den Schnee heran. Lautes metallenes Gepolter zerstörte die Stille. Dann aber brummte der Dieselmotor wieder – gedämpft durch den Schnee – in angemessenem Klang und zog uns durch die Winternacht.

Was würden sie zu Hause wohl sagen? Mein Herz schlug höher vor Erwartung und vor Freude, als ich mir ausmalte, wie überrascht und glücklich meine Mutter und meine Schwestern wären, wenn wir vor der Tür stünden.

Auf dem Bahnhof waren wir die einzigen. Nun mußten wir noch einen Kilometer durch die Winterlandschaft bis ins Dorf gehen. Es war wunderschön: Die Stille der Weihnacht, die großen weißen Flocken, und wir zwei allein in der Landschaft. Kein Heimweh drückte mehr, ich war innerlich so gelöst, denn ich war ja wieder daheim.

Als wir vor dem Haus, in dem meine Mutter mit meinen kleinen Schwestern wohnte, ankamen, war natürlich alles dunkel. Mein leises Rufen hörte niemand. Die Schneebälle, die wir vorsichtig ans Fenster warfen, weckten keinen aus dem Schlaf. Zum Glück wohnte meine verheiratete ältere Schwester nicht weit von meiner Mutter, und ihre Wohnung lag zu ebener Erde. Bei ihr klopften wir ans Fenster. Sie hörte uns, traute aber ihren Ohren nicht und fing genau wie ich vor Freude an zu weinen.

Mein Schwager holte meine Mutter und meine jüngeren Schwestern, und dann feierten wir alle richtig Heiligabend bis früh um acht des ersten Feiertags.

Von da an hatte ich mein Heimweh überwunden, und im kommenden Jahr feierten wir Weihnachten allein.

Fritz Willms

Insulaner sind zäh!

Diese Geschichte spielt in meiner Kindheit, im ersten Kriegswinter. Meine Eltern und wir fünf Kinder lebten auf der Insel Spiekeroog. Meine Eltern, inzwischen sehr betagt, leben noch jetzt dort, ich selber inzwischen in Leer, nach einigen Wanderjahren in der weiten Welt, als Schiffbauer u. a. in Indien und Brasilien.

Vor einigen Tagen besuchte ich meinen Vater, 86 Jahre, zu seinem Geburtstag auf der Insel. Er freute sich sehr, daß ich trotz Schneesturm und Glatteis zur Küste gefahren war, das Fährschiff war zwar schon abgefahren, aber ein kleiner Frachter nahm mich mit. Beim Teetrinken bedankte sich mein Vater sehr, daß ich trotz aller Hindernisse gekommen war.

Ich konnte ihn nur fragen: «Weißt du noch, Vater Steffen, Weihnachten 1940? Das war doch viel schlimmer.»

Und nun die eigentliche Geschichte:

Beim Spielen auf dem Fußballplatz war mein Schienbein

verletzt worden. Nach einigen Tagen ärztlicher Behandlung auf der Insel schwoll mein Bein immer mehr, ich mußte ins Krankenhaus nach Esens. Dort wurde ich operiert und wartete auf meine Genesung. Inzwischen wurde es jedoch tiefer Winter, schon Anfang Dezember, und das Land versank in Eis und Schnee. Auch die Küste vereiste, so war die Insel vom Festland abgeschnitten, da kein Schiff mehr durch die Eiswüste kam. Auch Hubschrauber gab es damals nicht, so waren die Insulaner auf sich selbst angewiesen.

Ich lag im Krankenhaus im sogenannten Männersaal, mit sechs bis acht Jungen und Männern. Es war eine bunte, lustige Gesellschaft, doch vor Weihnachten wurde es immer ruhiger und leerer, bis ich Heiligabend allein in dem großen Saal lag, mit einigen Briefen und Päckchen, gut betreut und verwöhnt von der Schwester.

Doch Weihnachten allein, als zehnjähriger Junge im Krankenhaus?

Trotz eines guten Buches war ich traurig und dachte an zu Hause. Am ersten Weihnachtstag war Chorsingen im Flur, doch dann wurde es richtig Weihnachten für mich: in der Tür stand plötzlich mein Vater, als richtiger Weihnachtsmann, voll Eis und Schnee, mit langen Stiefeln. Ich konnte nur noch fragen: «Wo kommst du denn her, und *wie* vor allem?» Da packte mein Vater seine Gaben aus und wir feierten kleine Weihnacht, und er erzählte:

«Ja, ich habe heute nacht überlegt, daß du hier so alleine liegst, da bin ich früh aufgestanden. Es war kalt, aber ein heller Mond schien. Da habe ich mich warm angezogen, Mutter hat mich mit Butterbroten versehen, und ich bin übers Watt gelaufen, nach Carolinensiel. Dort lieh ich mir ein Rad, fuhr hierher – ja, und nachher geht es genau denselben Weg zurück.»

Für mich bleibt dies das schönste Weihnachtsgeschenk, wenn ich heute noch an den Besuch meines Vaters denke, der ja dann wieder fast 20 km mit dem Rad durch den Schnee von

Esens nach Carolinensiel fuhr, dann dort nach einem Tee wieder über den Deich ca. 12 km durchs vereiste Watt zurück zur Insel, wo er spätabends müde und doch sehr froh wieder eintraf.

Heute machen Badegäste öfter einen Weg übers Watt, mit einem Führer, im Hochsommer, doch stelle man sich einen Mann alleine im Eis und Schnee dort vor.

Christa Wilken

Sünnerbore Wiehnachten

Wiehnachten steiht vör de Döör. Wo mag dat dit Johr wäsen? Natt – van Regen un van Sweet, so vääl is säker. Wieso Sweet? Ja, wi levt siet knapp een Johr in Papua Neuguinea. Dat is up de anner Siet van unsen Erdball. Up een schööne Insel inne Südsee. Kiek, un dat bedüt, dat wie dat lecker warm hebt. Meesttieds üm 36 Grad. Subtropisches Klima is dat: heet un fuchtig. Un to Wiehnachten hebt wi kien Winterdag as wi dat weent sünd, sünnern Regentied.

In Varel, wor wi vörher wohnt hebt, harr ick dat üm disse Tied ümmer bannig drock mit Theaterspäälen. Bi de Nedderdüütsche Bühn' nämlich. Och – dat is ja man allns so wiet weg. To'n Glück is aber ok de Rummel wiet weg, de üm disse Tied in alle Straaten un Geschäften vör sick geiht.

Mien Keerl hett 'n Verdrag as Entwicklungshelfer. Un so sünd wi mit Sack un Pack, mit Kind un Kegel hierhertrukken, erstmol för twee Johr. As wi ankeemen, frogde unse Jüngste, off wi ok wedder «orange» werd, wenn wi torügg goht. Se meen, wenn wi in een Land treckt, wo de Lü swart sünd, denn werd wi dat ok. Vandog seht wi dat all gor nich mehr, dat de Lü üm uns to 'n anner Klöör hebt.

De halve Tied is nu allmeest üm. Kinnersnee, wat is dat Johr gau hengohn. Dat gev ja so väll to beleven un to bekieken, so vääl to leern un to begriepen. An Heimweh hebt wi kuum mol dacht. – Aber wo mag dat to Wiehnachten wäsen? De Kinner willt säker den gemütlichen ersten Wiehnachtsdag bie Oma un Opa in Hooksiel vermissen. Wi ok. Oma kookt ümmer so 'n leckern Kanintjenbra. Een weet ok rein gor nich so recht, wat'n dorgegen setten schall. Nich mol 'n Dannenboom köönt wi ehr beeden. Un Geschenke ok nich. Wiel't de hier nich to kööpen gifft. Na ja, dorvör werd de Kinner ok nich wäkenlang vör't Fest mit Werbung berieselt, wat sie sick allens wünschen schölt.

Wiehnachten is bienah vörbie. Wi stoht allmit'nanner butendöörs un bewunnert een moie Festbeleuchtung: De Nacht is düster, kien Maand to sehn. Man Lucht hebt wi in Överfluß, wenn't ok nich vääl Helligkeit bringen deit: Eenmol van all de Steerns, de boben uns funkelt, un to de ok dat Kreuz des Südens hört. Un to'n tweten van all de dusende van Lüchtfleegen, in inglisch het de «Fireflies». Twee grode Bööm sitt vull dorvan. Dat is een Geblinke, dor kann'n de Oogen nich van loten. Ut – an, ut – an. As wenn dor een mit Taktstock vörn steiht un Teeken gifft, wenneer de een Avdeelung to blinken hett un wenneer de anner.

Kriggt mans mol een van de lüttjen Dinger to foten, denn sütt man bloß een gewöhnlichen Fleeg mit brune Flögels. Disse Fleegen lücht in Düstern mit ehr Achterdeel. Un wenn dor'n Boom van vull sitt, so as vanobend, dat sütt ganz wunnerschön ut. Schöner un festlicher kann keen Wiehnachtsboom inne Stuuv utsehn.

Wat weer dat Wiehnachtsfest doch moi! Ganz anners as in de Johren vörher – aber doch moi. Ja, dat weer't! Wi sünd ok na't Kark henwäsen. Een knallgääle, hölten Kark is dat, van de Katholische Mission hier dicht bie. Wi sünd ja evangelisch. Man de leeve Herrgott froogt dor säker nich no, in wat

141

för'n Kark wie beden dot. Unse Kinner weern erstmol düchtig an Ümkieken. Ok för uns weer dat 'n recht ungewöhnlich Bild. Tweedusend Minschen kann de Kark upnehmen. Un se weer bannig vull. Buten stun'n de Minschen noch, seten Jung un Olt üm uns to up de leegen, harten Bräe, de eegentlich woll to'n Dahlkneen dacht sünd. Frolü harrn lüttje Kinner up'n Arm – männigeen weer ok an't Stillen.

De Mannslü seten up de linke Sied van'n Gang. Allmitnanner lusterten se andächtig to de Wiehnachtsgeschicht, de Pater Beermann, een düütschen Missionar, in Pidgin vertellde. Bi disse Temperaturen so middenmang all de väälen Lü, leep uns de Sweet man so den Kopp biedohl. De Sünn knallde buten ja ok van'n Himmel as nix goods. As de Lü an't Singen fungen, do leep uns dat aber kolt den Puckel biedohl. Wat klung dat moi! Sowat Wunnerschönes hev ick noch nienich hört! Dor sünd ja de Donkosaken nix tegen.

In dissen Wiehnachtsgottesdeenst sungen se noch fooken. Mol alltohoop, mol een Mannslü-Chor alleen. Un dat klung, as wenn een groten, berühmten Chor singen deit, nich eenfache Lü ut Dörpen rundümto, Lü, van de männigeen nienich 'n School van binnen sehn hett. Un jedeneen kennde den Text ohn Gesangbook. Un kieneen sung 'n verkehrten Ton.

At wi ut de Kark kemen, wulln de Kinner weten, of wi noch baden deen. Sweet stund mi in't Gesicht. Ja – baden weer woll dat Richtige – ok an Wiehnachten.

Eersten Fierdag hebt wi obends Klock ölben in Hooksiel anropen. Wat weer dat'n Upregung. Opa muß gau ut't Bett holt weern. He mok jüst 'n Middagstun'n! De harrn dat ja erst twee Uhr nomiddags. Oma fung an't Blarr'n, as se de Kinner hören de.

«Ja, uns geiht dat good... Wo ist't bie jo?... All'ns up Stä?... Tokom Johr sünd wi bie jo to Huus...» Een Minut kost tein Mark. Man to Wiehnachten kann't dat woll lieden.

Uns Festbra' weer 'n moien, groten Südsee-Fisch, een Baramundi, de een ut Dörp uns frisch na'n Fang verköfft hett. Un achteran, ja achteran keem dat schönste van dissen sünnerboren Wiehnachten: Wi setten uns tohoop un lusterten to een Kassett', de Gertrud, wat miene Fründin van't plattdüütsche Theater is, uns per Luftpost toschickt hett.

Se grööde uns mit «Moin», nöömde jeden bie sien Nom. Wo vertroot dat klung – as wenn Gertrud middenmang uns sitten de! Se vertellde uns allerhand, wat sick in de Tüschentied to Huus so doon harr. Achterna keemen Döntjes un Sketche, de mien Frünnen för Ünnerhollung up Vereensfeste instudeert. För'n Boßelvereen to'n Biespill. Wenn de Pointen to'n Deel ok'n bäten deftig weern – nich wiehnachtlich sotoseggen –, wi hevt uns düchtig freud to dit Stück Tohuus. Gerd Lüpke harr se ok upnohmen mit'n poor Vertellsels.

To'n twetenmol kreeg ick 'n Gooshuut, un een kolen Schuer leep mi övern Rüüg: At ick dat Gebimmel van de Wiehnachtsglocken van'n Kölner Dom to hören kreeg. As ick mien Keerl ankeek, kunn ick woll marken, dat üm't jüstso gung. Uns beid weer wat wunnerlich tomot. Ok de Kinner lustern erst andächtig un sungen denn mit, as een Kinnerchor «Stille Nacht» singen de. Wo leev Gertrud an uns dacht hett! De Kassett hett up de anner Sied van'n Globus vääl Freud mokt. Dat weer «richtig» Wiehnachten.

Nu staht wie hier buten un laat dat Fest ünnern Sternenhimmel mit disse natürlichen «Wunnerkerzen» van de Lüchtfleegen utklingen. Moie Wiehnachten weern dat. Woll mit Sweeten und Swemmen – aber ok mit Andacht un Besinnen – un villicht ok mit'n lütt Spier Heimweh. Nüms van uns hett grode Geschenke, Fernsehen un all dat vermißt. – Höchstens 'n ganz bäten den Winter, de dor jo eegentlich tohört. Aber man kann nich allens hebben.

Frenz Bertram

Dannboom op'e Foot setten

«Wo is denn bloß de dore verflixte Dannboomfoot?»
Vadder harr up'e Kehl sett, un wi Kinner weer'n op Schlag musenstill. Wi wussen, dat sick nu wat entwickeln kunn – Mudder ook, denn so fung dat jedes Johr an. Antworten dä se over liekers: «Wo du em laaten hest.»
«Op'e Böön?» frog he wieder.
«Weet ick nich, *du* krigst de Boom doch alle Johr von'ne Foot, denn muß doch ook weeten, wo du em laten hest», hulp Mudder. Dat weer wull doch all'n beeten to veel. In'ne letzten Daage vör Wiehnachen weer dat bi uns alle Johr 'n kribbelige Stimmung. Bi Vadder drängt sick dat in'ne Warkstäät un sien Huut wurr von Daag to Daag dünner. Mudder harr dat ook hild mit Backen, Braden und Inkoopen. Vadder much dat nich gern hebben, wenn se immerlos op'e Striek weer, wi he dat nenn'n dä. Un wenn se em, so as nu, ook noch alleen woogen leet, leep dat Fatt meist över.
«Dat is hier as verhext! Miendaag find man in ditt Huus wat woor! Dat kummt bloß von all dat rumstubben un verstäken! Nix liggt op sien Platz!» Vadder harr'n hochrode Kopp krägen un schimp so luud as dat gung.
«Dat is nich woor», sä Mudder bestimmt, «alles liggt op sien Platz. Aver du bis so'n Klackmors un lätt'st alles dor liggen, wo du dat jüst nich mehr bruuken deihst!» De letzte Wöör kreegen noch'n lüttje Drall mit, dat se nich ganz so hart ankeem'n. Se wuß wull, dat se sick dat meist'n beeten dull anmarken laaten harr, dat se de Dannboom, de Vadder mitbrocht harr, nich lieden much. Aver dat weer och nix Nies, denn so leep dat alle Johr aff. Een normal wussen Dannboom hebbt wi nie hatt, dorföör weer he aver immer umsunst. Mal weer he baaben dick und harr nörrn nix, mal weer dat umge-

144

kehrt. 'n anner Mal weer he hochschaaten und spiddeli, dat he nich ünner de Böön paßt' un woor'n anner Mal muß he op'n Kiss, sonst weer man över dat lüttje dicke Drummel full'n. Ditt Johr weer de Boom egenli ganz meneerli – beet op de twee Spitzen. As Vadder dormit um'e Eck keem, harr Mudder dat «Pestüür» mit'n seekere Blick taxeert. Door nütz dat ock nix mehr, dat he de Boom 'n beeten wieder von sick affhool'n un em henn un her dreih'n dä, so as wenn he na de sünndaag'sche Siet söken wull.

«Schast seh'n, wenn ick in'e Mürrn 'n poor Tellig'n insett un de tweete Spitz rutschnie, ward dat'n allerbeste Boom», wuß Vadder Rat.

«Seh du man leever to, dat dat dore Prunkstück op'e Foot kummt», un dormit weer Mudder dor erst mal mank döör.

In'ne Twischentied söcht Vadder op'e Böön, achter de Ooken, op'e Kammerstuuv un in'ne Waschköök. De Foot funn he aver nich. Wi Kinner wussen wat nu keem, denn dit Hopphei weer alle Johr eens. «Kiek doch mal in'ne Schüün na», schlog Mudder vöör. Wi hörten unse Vadder pussen un schimpen, dor full ock mol wat um, aver finn'n dä he nix.

«Nu tööf man'n Oogenblick. Ick kiek glieks mal na, de Futtjedeeg schall forts achter de Aabend to gah'n», bo' Mudder eer Hölp an. Se weer sowieso de Meenung, dat Vadder nich ordentli sööken kunn. Wenn se denn op de Böön keem un seeg, dat dor nix mehr an't Steet weer, schloog se de Hann'n över de Kopp tohoop un sä:

«Hier herrscht der Friede Gottes – un'ne Prinz von Puupbach!» Wer de Prinz eegentli weer, hett se nie verraad, aver se funn wat se söcht – bloß ditt Johr nich.

«Dat hölt op!» prahlt Vadder. «Na't Fest war'n forts twee Dannboomfööt kofft!»

«Du bist wull mall!»

«Tja, denn hang'n wi em eb'n an'ne Böön!»

«Tier di nich! Nimm man'n Amme, do'n beeten Eer rin un steek de Dannboom dor in.»

Vadder stoof mit'n Amme in'ne Hand rut na de Sandbarg. He weer man knapp buuten, do keem he all wor döör de Waschköök na bin'n.

«Hat ihn! Hat ihn!» Mit glückliche Oogen heel Vadder de Dannboomfoot hoch.

«Ick segg nix mehr! – Ick segg bloß, wo weer dat Deert?»

«Kummst nie op», maakt Vadder dat spannend, «bi de Buschkloot leeg he – un sä nix!»

Nu weer alles klaar. Bi de Buschkloot weer de Vörgänger von'ne Foot kam'n, un de Foot weer dor ligg'n blev'n.

Nu kreegen beide dat hild. Vadder sett de Boom op'e Foot, Mudder putz em fein op, un wi Kinner tööften op'e Bescheerung.

As wi na de Kark alleman in'ne Stuuv seeten un de Talli-lich'n brenn'n dään, weer unse Wiehnachtsboom wohl so fein.

«Dittmal warr'n wi de Foot aver an'n Platz opwoor'n, wo wi em nich sööken mööt», sä Vadder mit Nahdruck. Wi hebbt denn sinni vör uns henngrient. Dat Johr darvöör um'e sülvige Tied harr he dat ock seggt.

Thea Kähler-Karger

Theater, Theater

Letz Johr, kort vör Wiehnachten, kreeg ik dree Theaterkaarten schenkt. Minsch, watt heff ik mi freit! Glieks reep ik miene Kinner an – aver de harrn keen Tied.

Dor stünn ik nu mit miene Kaarten und överleggte, wer wall sünst noch Spaß hebben wörr an «Hänsel und Gretel», denn dat wörr speelt vun Avend. Ha, und mi foll ok watt Goots in: Tante Tille und Unkel Heini!

Dat sünd twee oole Lüüd, de noch vun Harten jung bleven wörrn.

Und richtig: Se freiten sik bannig, bedankten sik veelmals und wullen ok gliek anfangen, sik feintomaken.

Um half acht stunn ik bi se op de Matt um se afftohalen. Dunnerwetter, watt harrn de sik in Schale smeeten!

Tante Tille harr een lange lila Rock an, darto een witte Rüschenblus.

Un Unkel Heini harr sien Smoking an, een witte Biesenhemd, een rote Fleeg vör de Hals und een witte Nelk in de Knooploch.

Ohauaha, dar kunn ik ja gar nich mithalen.

De beiden weern so vergnögt, richtig opgeregt, sowatt harr ik lang nich mehr beleevt.

Se leepen ümeenanner herüm, vun de Köök in de Stuuv, vun de Slaapstuuv in de Flur. Un Heini reep: «Tille, hess du den Huusdöörslötel?»

Und Tille prahlt na Heini henn: «Heini, stick dien Snattdook in!»

Und beide roopen: «Wer hett de Kaarten?»

«Vergitt dien Mantel nich!»

Endlich keemen se to Pott und dat kunn losgahn.

>
> Wie funnen unse Plätze.
> De Saal wörr düster.
> De Vörhang ging rop.
> De Musik sett in.
> Dat Speel begünn.

«Nee, watt hebbt se schön speelt.»

«Watt hebbt se fein sungen!»

«Wo nüdlich sünd doch de Kinners op de Bühn rumkrabbelt...»

So snackten und diskoteerten wie, as wie in de grote Paus mit all de annern Lüüt tosamen op den Wannelgang henn – und her – und op und aff marscheerten.

Unkel Heini güng uns jümmers dree Schritt vörut.

Und wie he ging!

So richtig mastig: De Buuk vöran, de opknööpte Jack na achtern schaven, de Hänne in de Büxentasch un sien Fööt, de sett he quast na buten.

He höllt sik stief in de Rück, grient na links, nickt na rechts, stolzeert darhenn, as een jungen Gockel.

Na een Wiel dreiht he sik na uns üm.

«Tille», seggt he, «hess sehn, watt fründlich de Lüüt all to mi sünd?»

Un wirklich, de Minschen lachen em to. He is ja ok richtig snukkelig. Na Korten dreiht he sik wedder üm un seggt:

«Kiek, Tille, watt de Lüüt nett sind, ick kümm mi vör, as een richtigen ‹Star›, alle nicken se mi to.»

Und dat stimmt, wie sehn dat ja ok.

Jetz blifft Tille stahn. Bekiekt sik eern Heini von baben na ünneren und . . .

Se grippt sik ant Hart, krallt ehr Fingers in mien Arm, sackt weg in de Knee, klappt mit de Ogendeckels, rappelt sik wedder op un zischt ganz fünsch eern Heini an:

«Du büst een Star, watt?
De Lüüt lachen di to, watt?
Weest ok, datt dat bi di piept?»

Un mit stiefen Fingers wiest se op Heinis Fööt.
Nee –, Heini harr sien brunkareerten Filzpuschen an.

Dannenbööm

Mit de Dannenbööm to Wiehnachten moken wi uns dat würklich ni licht. Dat duer Stunnen, bet wi em opputzt harrn. He weer ok man eenmal smuck. Allens in Sülwer, mit en feine Spitz boben und lütte un grote Kugeln un Girlanden un denn noch Lametta un Lichten.

Mit all dissen Kroom kunst meist en Kunstwark tostann bringen. Ober de Boom muss dor ok no wesen – un dormit fung ok allen's an.

Dat eene Johr – ik weer so fief oder söß – harrn wi morgens in Schummern vun Willi een Boom köfft. Willi wohn nerrn int Dörp un hannel mit allens, wat dat so gifft, to Hauptsaak mit Kantüffeln un to Wiehnachten mit Dannenbööm. Den olen Koffer mit de Kugeln un den Foot harrn wi vun Böhn holt. De Foot weer ut Holt, harr dree Been un leet an Stabilität nichts to wünschen öwer. Vadder harr em no den Krieg, as de Inflatschoon weer, sülben maakt. He weer Timmermann un de Foot weer so arbeid, as wenn he dusend Johr holen schull.

As wi nu den Boom in de Stuuv harrn, weer he wat kopplastig. De letzte halve Meter boben maakt mit eenmol so'n Knick no de een Sied, un wenn wi den Boom loslöten deen, full he in de Stuuv. Nu gung dat Simuleeren los. Vadder wull em so hinstellen, dat de Knick in den Stubeneck keem un de Boom sik an de Wand lehnen kunn. Oma see, dat gung ni, dat seh ut, as wenn unsen Boom sik schomen wull, so mit den Kopp in de Eck. Vadder dreih em noch en beten un nu keek de Spitz ut Finster rut und dat wull Mudder ni. Een Dannenboom, de ut Finster kickt, as wenn he rut will, dat kann ni angahn. Un denn kunn man ok ümmer de scheefe Spitz sehn. Vadder dreih em noch en beten, un nu weeren wi all tofreden mit den Boom, man blots – nu kunn he ni alleen stohn un wull wedder in de Stuuv fallen. «Un wenn ik em anbinden do?» meen Vadder. «Wo wullt du denn wohl anbinnen. An de Footliest geiht ni, dat is veel to sied un nützt nichts.» Vadder keem de Infall, den Boom boben an'n Finsterhoken antobinden. Mudder hool Luft: «Un wat is mit de Gardinen? Wo süht dat ut, de hangt je gor nich richtig för't Finster, wenn dor so'n Band is.» Un nu kregen wi «unse malle Tour», as wi dorto segg'n. In Gedanken hungen wi de Gardinen öbern Dannenboom, so as in Sommer öwer de Johannisbeerbüsch un wull'n uns rein wechlachen. Ik funn'n dat gor nich so schrecklich un hung den Boom in Gedanken vull von Gardinen un Spitzen, boben fein mit en Rosett tosamenbunden, so as bi min Himmelbett för de Poppen. As ik to mi keem höör ik, dat Mudder to Vadder seggt: «Nu lot di man wat infalln», un denn gung se no de Köök. Vadder keek mi an: «Ik weet all wat, hool den Boom mol fast.» As he wedder in de Stuuv keem, har he en'n Hamer un dree grote Nagels in de Hand un mit en poor wuchtige Slääg hau he de Nagels in den Dannenboomfoot un nagel den Dannenboom an Footbodden fast. Mudder keem ut de Köök störrt un Oma ut eern Stuuv un all beid jammern se över de Pitchpine-Breed von den Footbodden, de nu je dree Löcker harrn. Vadder meen, de kunn he no't Fest wedder utbetern un denn, as wi uns den Boom so ankieken deen, beruhig sik ok allen's wedder. – To Wiehnachten weer um den Foot en feine Dischdeek leggt, so richtig in scheune Falten. Harrn wi noch nich hatt, seeg aber smuck ut.

As en poor Johr loter Wiehnachten för de Döör stunn, do wulln wi keen Boom köpen, wi wulln unsen egen Boom ut den Gaarn holen. Ganz achter in so'n spitzen Kiel von uns Land stunn'n fief Dannenbööm. Wi trocken alle Mann dörch den Snee un bekeeken uns de Bööm, meenen denn aber, de schulln man noch en beten wassen. Wi harrn je ümmer en ganz groten Boom. Annern Morgen, as Mudder de Rolloos hochtreckt un in'n Gaarn kiekt, röppt se mit enmol: «Unse Bööm!»

«Wat is mit de Bööm?» froogt wi noch teemli ruhig. Mudder seggt blots: «Klaut, affsoogt un klaut!» Nu keemen wi inn'e Gang'n un sehn dat. All de fief Bööm weg, unse smucken Bööm, de wi so hegt un pleegt harrn. Vadder muss to Dörp un bi Willi en Boom köpen. He harr ok'n smucken funn'n. Wo weern all tofreden mit em. Wi wussen jo, so smuck as unse kunn doch keen wesen. Vadder meen denn noch: «Ik glöv, ik harr bald min egen Boom köfft–, aber wi wulln je ein gröteren hebben.»

Un denn keem en Johr, no den letzten Krieg, as wi all wedder gesund und heel tosamen weern, do schull dat'n ganz besonderen Dannenboom geven. Wi snacken dor all lang von. Un denn, kört vör Wiehnachten, wi seeten bi't Meddageten, seggt Oma: «Greta hett'n Dannenboom vun Willi köfft. He hett er abscheten.» Un denn kümmer se sik um eern Suppenteller. Mudder seet ganz benauht dor un Vadder un ik seen ok nichts. Hinnerk, en olen Schoolfründ vun mi, de to Besök weer, keek von eenen to'n annern un wuss ni recht, wat nu komen schull. No'n Tiedlang seggt Oma: «Grot genog is he, ober man flau, wenn du dor Lichten opsteken wullt, hangt all'ns no neern. Denn süht he ut as so'n Truerweid. – O du fröhliche...» Un nu lachen wi all. Mudder froog Hinnerk, op se all'n Boom harrn. «Nee», seggt he, siet de Tied, wo sien Vadder full'n weer, harrn se keenen Dannenboom, bloots noch en poor Twiegen in de Vaas. Un mit eenmol muss ik so denken, datt dat en ganze Reech Wiehnachten geben harr, wo Mudder un Oma alleen weren un ik froog: «Hebbt jüm ümmer en Boom hatt?» «Natürli. Stell di mol vör, dien Vadder un du sitt dor Wiehnachten irgendwo in de Weltgeschichte rum un denkt hier an tohuus un an unsen Dannenboom – un wi hebbt gorkeen. Dat is meist so, as wenn wi jüm anlegen wulln. Ne, wi hebbt ümmer eenen feinen groten Boom hatt.» Un as ik dat hört harr, föhl ik mi ganz lich.

No dat Meddageten sett Vadder sik op Rad un föör to Dörp, eenen stabileren Boom to holen. Aber wi wussen dat all, Mudder leet dat ni op sik sitten, und de Boom, de er nu gefallen kunn, muss eerst noch wassen. Un richtig, de Boom, mit den Vadder nu to Huus keem, harr op de een Sied en kohle Steed. De eene Telgen weer to kort. Vadder wull em neern afsnieden, boben en Lock moken un em dor rinstee-ken. «Ne», segg Oma, «dat hesst du för'n Krieg mol mookt. De weer gliek no Wiehnachten all ganz verdrögt. Wi truen uns knapp noch, Luft to holen, so wackel de Telgen in dat Lock. Un du weest, de Boom blifft bet den 3. Januar, dien Geburtsdag, stoon.» Denn meen se, man kann an disse kahle Steed Lametta hinhangen. «Oma», seggt Mudder ganz min-nachtig, «wo schall das Lametta herkommen, die paar Spie-ren, de wi noch hebbt. Un kannst du mi mohl vertellen, wo ik wat kopen kann?» Mit dissen Boom weer dat also ok nichts.

Un wat is mit den Boom dor buten? In'n Vörgaarn op den Rasen stunn'n feine Dann'n. Se harr sik wiet utbreedt, harr ok Platz genog. «Ach du leeve Tied», seggt Mudder. «Stell di dat vör, de ganze Stuuv voll Dannboom, un wo söllt wi denn hin, mit all de Lüüd in't Huus.» Dat duer gor nich lang, do lachen wi all luuthals los. Wi stellen uns dat för: Merrn in de Stuuv de Dannenboom, Dischen un Stöhl op de Deel un wi sitt bi open Döör in de anner Stuuv all in de Reeck op de Bettkannt un singt «O Tannenbaum». Ik glööv, Hinnerk weer ganz verstört. He kenn unse «mallen Touren» je ok nich.

No'n Tietlang seggt Vadder to mi: «Dat nützt nu all'ns nichts, du geihst morgen to Holt no den Förster un holst uns eenen feinen Dannboom.» Dat weer meist as en Ritterslag. *Ik* schull unsen Dannenboom holen.

De Förster freu sik, as he mi see, dat ik nu wedder to Huus weer und dat mi dat good gung un natürli schull ik eenen scheunen Dannenboom hebben. No'n halvstunn'nstied harr'n wi een funnen, he sagt mi em aff un denn seggt he to mi: «So mien Deern, nu is dat dien Boom, ik heff nu nix mehr mit em to kriegen. Un wenn di op den Weg no Huus Lüüd fragt, wo du em herhesst, denn musst du seggen, du hesst em klaut – oder funnen.

Ik bin denn ok gut mit den Boom to Huus ankommen, veele Lüüd hebbt den scheunen Boom bewunnert, aber keeneen hett fragt.

Dat weer Wiehnachten 1947, as dat nix geev, aber wi herr'n dree Dannenbööm ünner de Huuswand stahn.

Vörn paar Daag weern unse Kinner hier un as se no Huss gungen, hebbt wi fraagt, ob wi se wedder 'n Dannenboom mit besorgen schull'n. Se keeken sik an un meenen denn, ne, se wull'n sik in dit Johr sülben eenen utsöken.

As wi de Huusdöör achter se tomaakt harrn, meen min Mann: «Ob de ahnt, op wat se sik dor inlaten doot?»

Inhalt